MANUAL DE BENEFICIOS DEL SEGURO SOCIAL

Stanley A. Tomkiel III
Abogado

D0089433

SPHINX® PUBLISHING
AN IMPRINT OF SOURCEBOOKS, INC.®
NAPERVILLE, ILLINOIS

© 2002, por Stanley A. Tomkiel III
Traducción: Eytan Lasca

Derechos reservados. Este libro no se puede reproducir ni total ni parcialmente en ninguna forma ni por medio de ningún medio electrónico o mecánico incluidos sistemas para el almacenaje y la busca de información -con excepción de citas breves comprendidas en artículos o crónicas- sin autorización por escrita de la editorial, Sourcebooks, Inc.® Se otorga licencia a las personas que adquieran este libro a dedicar los formularios incluidos para su propio uso. No se efectúan reclamaciones de copyright por ninguno de los formularios gubernamentales que se utilizan en esta obra. Para la traducción de esta obra al español se han consultado el Diccionario español-inglés/inglés-español de Ediciones Grijalbo S.A./Harper Collins, 3a.edición, 1992,1993; la edición de enero de 2000 del glosario inglés-español publicado por la Administración del Seguro Social (SSA) y diversos folletos de información general publicados por la SSA.

SUMARIO

●

Introducción

Propósito y alcance del manual de beneficios

Durante muchos años he trabajado en asuntos relacionados con el Seguro Social, primero como representante de reclamaciones de la Administración de Seguro Social (SSA) y ahora en capacidad de abogado en el sector privado. Han cambiado muchas cosas con el correr de los años pero otras no. La gente que busca información correcta y específica sobre los beneficios del Seguro Social de manera fácil y rápida suele verse atrapada en una red de confusión, malentendidos y frustraciones.

Aunque la meta de la SSA consiste en ofrecer al público información y asesoramiento sobre el programa que administra, la realidad es que, a pesar de sus esfuerzos, a muchas personas les resulta difícil obtener la información concreta que necesitan. Y ciertos datos no son difundidos, por ejemplo el derecho de solicitar Medicare sin solicitar beneficios de jubilación (véase la Sección 404.3, en ciertos casos este trámite podría ser ventajoso) o la opción de proratear (dividir) las deducciones de sus beneficios del seguro social cuando sus ingresos por trabajo superen determinado límite en vez de que le descuenten de inmediato la totalidad de los beneficios que deban retenerle. (véase la Sección 803.1.)

Algunas veces, la realidad sobre el funcionamiento del sistema no coincide con las normas oficiales sobre cómo debería funcionar. La SSA no hace pública la información sobre sus defectos. Generalmente, esta entidad realiza una tarea admirable. Pero en ciertas ocasiones los cheques no llegan (véase la Sección 1008), y en otras hay que esperar varias horas para poder hablar con un funcionario (véase la Sección 105), y los entrevistadores suelen ser incompetentes o personas con poca experiencia. Estas cosas ocurren, en un número de casos relativamente bajo, pero si usted experimenta estos percances necesitará consejos prácticos. Le hará falta la información que no suele incluirse en los folletos.

He diseñado este manual para informarle sobre las principales normas respecto a los beneficios del Seguro Social, con los siguientes propósitos:

- mostrarle cómo funcionan dichas normas en casos concretos;

- poner de relieve los problemas cuyos soluciónes podrían significar una diferencia en dólares y centavos o aquellos que suelen entenderse mal; y

- ofrecerle mi ventajoso asesoramiento, basado en mi experiencia práctica adquirida en miles de "batallas" libradas como funcionario de la Administración de Seguro Social y en calidad de abogado dedicado a representar a personas que presentan reclamaciones ante la Administración.

LA ADMINISTRACIÓN DE SEGURO SOCIAL 1

INFORMACIÓN GENERAL

Sección 101

La Administración de Seguro Social (SSA) es la dependencia del gobierno federal encargada de administrar las diversas disposiciones de la Ley de Seguro Social.

La Ley de Seguro Social dispone el pago de beneficios mensuales a los trabajadores jubilados e incapacitados y sus dependientes, y a ciertos sobrevivientes de trabajadores cubiertos que hubieran fallecido. El Seguro Social también ofrece el Medicare y otros programas, tales como el de Seguridad de Ingreso Suplementario (SSI, siglas en inglés), y el de beneficios para las víctimas de enfermedad pulmonar minera (Black Lung). Sin embargo, las prestaciones a las cuales se las conoce como beneficios del Seguro Social son los pagos mensuales que se efectúan a los trabajadores jubilados o incapacitados y a los sobrevivientes de los trabajadores asegurados.

Dado que los beneficios del Seguro Social se calculan sobre la base de los ingresos de los trabajadores cubiertos, la SSA lleva un control de los ingresos de casi todos los trabajadores estadounidenses.

A fin de cumplir todas sus funciones, la SSA se divide en diversas oficinas y dependencias. Las oficinas principales están en Baltimore, Maryland. La SSA divide los Estados Unidos en distritos, cada uno de los cuales cuenta con su propia Oficina de Distrito. Muchas de estas Oficinas de Distrito tienen también oficinas sucursales. Cada Oficina de Distrito está destinada a tratar con el público. Normalmente, la mayor parte de sus trámites relacionados con la SSA se efectuarán a través de la Oficina de Distrito de su localidad.

SERVICIOS TELEFÓNICOS

Sección 103

La SSA ha establecido centros especiales, encargados de atender las consultas electrónicas del público. A dichos centros se los conoce como Centros de Teleservicio, "Teleservice Centers" (TSC). Se encargan de atender el enorme volumen de llamadas telefónicas más allá de la Oficina de Distrito. El número de llamadas gratis para toda la nación es el 800-772-1213. Los representantes de servicios atienden consultas de 7:00 a.m. a 7:00 p.m. Fuera de este horario ofrecen servicios e informaciones pre-grabados. Las personas con problemas auditivos que tengan equipo TDD pueden llamar al 800-325-0778 entre las 7:00 a.m. y las 7:00 p.m. Si necesita información sobre Medicare llame al 800-638-6833 de 8:00 a.m. a 8:00 p.m. (hora del este).

Los Centros de Teleservicio están atendidos por representantes de servicios. (véase la Sección 105.) Tienen terminales de computadoras disponibles para obtener los registros computadorizados de todos los beneficiarios cuyos datos hayan sido grabados en las computadoras de la administración. (véase la Sección 104.) Pueden encargarse de la tramitación de cambios de dirección e informes sobre cheques extraviados. Si usted ha planteado una reclamación recientemente y todavía no ha ingresado en el sistema de computadoras, lo remitirán a la Oficina de Distrito local que se encarga de tramitar su reclamación. El mencionado número de teléfono se le proporciona cuando presente usted su solicitud inicial, en la el formulario que el Seguro Social le entrega a toda persona que plantee una reclamación.

Los Centros de Teleservicio brindan también información general sobre el Seguro Social, aunque se recomienda hablar directamente con un representante de reclamaciones si la pregunta es compleja o poco común.

Servicio telefónico de la Oficina de Distrito

Muchas Oficinas de Distrito cuentan con servicio telefónico para presentar reclamaciones, notificar cambios de dirección o cheques extraviados, y obtener información sobre el Seguro Social. Casi todos los trámites relacionados con la oficina del Seguro Social pueden efectuarse por teléfono. Es posible, asimismo, presentar una reclamación por teléfono.

Numerosas Oficinas de Distrito cuentan con unidades de tele-reclamaciones ("teleclaims units"). Estas unidades están atendidas por representantes de reclamaciones que le solicitarán a usted la información necesaria por teléfono, completarán el formulario de solicitud y se le enviarán por correo para que usted lo revise y firme.

Enviar formularios de solicitud en blanco es contrario a las normas de muchas oficinas del Seguro Social. Si usted los llama para presentar una reclamación, tendrá que proporcionarles la información por teléfono, para que el representante de reclamaciones pueda llenar debidamente el formulario de solicitud. Este procedimiento tiene como fin asegurar que la información se comprenda debidamente y obtener la información y los documentos de evidencia requeridos.

❏ Sección 103.1 Sitio web en Internet

La Administración de Seguro Social cuenta con un impresionante sitio web en Internet: **http://www.ssa.gov**. Es relativamente fácil de utilizar pero la cantidad de información que contiene suele abrumar a los visitantes.

Sin embargo, cuenta con varios aspectos fáciles de usar. Una calculadora de beneficios que puede proporcionarle el monto aproximado de sus beneficios en base a los supuestos sobre sus ingresos futuros; un enlace para peticiones destinado a obtener su récord de ingresos computables para el Seguro Social (se envía por correo); e incluso un formulario de solicitud en línea que se le puede remitir a usted electrónicamente. No obstante, es necesario que usted imprima dicho formulario, lo firme y envíe el documento firmado a la SSA. También se puede solicitar el reemplazo de su tarjeta de Medicare y una tarjeta de Seguro Social.

El sitio web tiene también enlaces con las principales leyes y reglamentos, además de enlaces con otros sitios web del gobierno federal. El sitio se actualiza frecuentemente con noticias actualizadas relevantes.

LA OFICINA DE DISTRITO (OD)

Sección 105

La SSA divide a Estados Unidos en muchos cientos de distritos. Existen más de 1100 distritos y oficinas sucursales en toda la nación. Cada distrito u oficina sucursal es responsable de atender a las personas que residan en dicho distrito.

Todo trámite que usted tenga que efectuar en relación con la SSA puede realizarse a través de la Oficina de Distrito local. La dirección de la Oficina de Distrito que corresponda puede averiguarse consultando la guía telefónica bajo "United States Government, Social Security Administration". Usted tiene derecho a tramitar sus asuntos con la Oficina de Distrito que prefiera. Si usted prefiere que lo atiendan en una Oficina de Distrito que no sea la de su localidad, puede pedir que su caso sea tramitado en tal oficina.

Las Oficinas de Distrito abren en horas normales de oficina. El horario exacto de apertura y cierre varía de oficina en oficina. Algunas abren a las 8:00 a.m. y cierran a las 4:30 p.m. Otras abren a las 8:30 p.m. y cierran a las 5:00 p.m. La mayór parte de los asuntos relacionados con el Seguro Social pueden despacharse por teléfono, sin necesidad de presentarse personalmente en la Oficina de Distrito.

Si usted desea visitar personalmente la Oficina de Distrito, no es posible concertar cita previa. En la Oficina de Distrito se atiende al público por orden de llegada.

Las mejores horas para visitar la Oficina de Distrito

Algunas veces si usted visita la Oficina de Distrito lo atienden inmediatamente. En otras ocasiones es posible que le toque esperar durante una hora o más. Depende de la cantidad de personas que esperan en la oficina en el momento en que usted llegue. El número de personas que solicitan atención en las Oficinas de Distrito suele ser mayor en ciertos días y a ciertas horas. Si usted se presenta en los momentos en que no haya mucha gente lo atenderán con mayor prontitud.

En términos generales suele ser más conveniente ir a la Oficina de Distrito cerca del final de cada mes. Los primeros siete a diez días son, generalmente, los más concurridos para las Oficinas de Distrito. En esos días es necesario esperar durante una hora o más. El motivo es que los cheques del Seguro Social se pagan el tercer día del mes. Los cheques de Seguridad de Ingreso Suplementario (véase la Sección 1001) se pagan el primer día del mes. Todos los meses hay muchas personas que no reciben sus cheques o se los roban. Por consiguiente, las Oficinas de Distrito normalmente están muy concurridas durante la primera semana o los primeros diez días de cada mes.

Generalmente, hay menos actividad durante la segunda mitad de la semana que durante la primera. Los lunes suelen estar muy concurridas y los viernes muy poco concurridas.

A la hora del almuerzo también acude mucha gente a la oficina, es la hora en que las personas que trabajan utilizan para hacer sus trámites, y también porque en es el momento en que los empleados del Seguro Social también salen a comer. Los entrevistadores de las oficinas del Seguro Social escalonan su horario del almuerzo para que al menos la mitad de ellos esté trabajando durante dicha hora. Sin embargo, considerando que la otra mitad de los empleados está almorzando, aumentan las filas de gente que espera y pueden producirse demoras.

De la misma manera, los empleados de la Oficina de Distrito disponen de descansos para tomar café. Se les otorga un receso de 15 minutos por la tarde. Estos descansos también se toman de manera escalonada, pero alrededor de las 10:00 a.m. y las 3:00 p.m. la mitad de los entrevistadores está tomando el café.

Unidades de tramitación

Los asuntos de los cuales se encarga la Oficina de Distrito se dividen en distintas unidades. Cada unidad está atendida por uno o más empleados. Entre los entrevistadores, los dos tipos básicos de unidad son las unidades de reclamaciones y las unidades de servicio. Las unidades de reclamaciones se encargan de solicitudes iniciales y los aspectos más complejos de las normas del Seguro Social. Los funcionarios que las atienden son los representantes de reclamaciones.

Las unidades de servicio se encargan de trámites conocidos como post-calificatorios (*post-entitlement*). Se trata de eventos que se producen después del momento en que usted tiene derecho a recibir cheques, tales como cambios de dirección, notificaciones de cheques extraviados, informes anuales sobre ingresos, etc. Las unidades de servicio están atendidos por representantes de servicios. Los representantes de servicios no pueden encargase de tramitar reclamaciones iniciales.

Generalmente, existe una unidad especial en cada Oficina de Distrito encargada de casos de incapacidad. En las oficinas más grandes dicha labor se divide aun más, entre los representantes de reclamaciones y los representantes de servicios, a quienes se les asignan casos por orden alfabético.

A cada representante de reclamaciones y a cada representante de servicios se le asignará determinada parte del abecedario y los casos de personas cuyas iniciales corresponden a dicha parte del abecedario se asignarán al correspondiente representante de reclamaciones o representante de servicios. Este funcionario se encargará de los trámites necesarios para la reclamación, aunque a la vez podrá entrevistar a personas cuyas iniciales no sean las que se le hubieran asignado.

A los representantes de reclamaciones y de servicios se los reasigna periódicamente a distintas letras del abecedario; por tal motivo no se sorprenda si después de varios meses se encarga de despachar su caso un representante de reclamaciones distinto.

EL MANUAL DE OPERACIONES DE PROGRAMAS (POMS)

Sección 106

El Manual de operaciones de programas, "Programs Operations Manual System" (POMS), es el libro de reglas que utiliza el personal de todas las Oficinas de Distrito. Este manual lo publica la Oficina de Distrito y en él se incluyen las normas de trabajo y las interpretaciones de las leyes y reglamentos. El Registro Federal publica las regulaciones oficiales de la

Administración de Seguro Social, dichos documentos están disponibles en las bibliotecas de derecho pero el personal de las Oficinas de Distrito casi nunca los consulta. La fuente de consulta a la cual casi exclusivamente recurren los empleados de la administración es el POMS. En cada Oficina de Distrito se dispone de un ejemplar del POMS el cual se pone a disposición de las personas que deseen consultarlo.

Generalmente, las normas de toda oficina del Seguro Social requieren que esté presente un entrevistador mientras una persona del público consulta el POMS. Este requisito se debe porque gran parte del manual está redactado con sobreentendidos y abreviaturas burocráticas hasta el extremo de resultar incomprensible en algunos pasajes. Se requiere que esté presente un representante de reclamaciones o de servicios para interpretar dicho lenguaje burocrático.

El POMS es la "Biblia" del Seguro Social, y todas las decisiones se deben basar en las disposiciones contenidas en dicho manual. Si usted tiene dudas respecto a la exactitud de la información que le proporcione cualquier entrevistador del Seguro Social deberá investigar en qué parte del POMS consta. El entrevistador deberá indicarle la sección pertinente para que usted pueda leer la disposición.

REQUISITOS DE ELEGIBILIDAD 2

Información General

Sección 201

La Administración de Seguro Social (SSA) se encarga del pago de distintos tipos de beneficios. Para cada uno de estos tipos de beneficios existen requisitos específicos que todo reclamante debe reunir a fin de recibir las prestaciones pertinentes. Los requisitos de los diferentes tipos de beneficios se establecen en las siguientes secciones.

Cada modalidad de beneficios requiere que el trabajador bajo en cuyo récord se basan sus prestaciones tenga lo que se denomina condición de asegurado (insured status). Esto significa que dicha persona debe contar con suficientes créditos por trabajo.

Existen diferentes tipos de condiciones de asegurado. Algunos requieren más ingresos por trabajo que otros. Estos distintos tipos de condiciones de asegurado se tratarán detalladamente en el Capítulo 6.

Los beneficios a los cuales generalmente se conoce como beneficios del Seguro Social se ofrecen a través de los programas básicos establecidos en la Ley de Seguro Social, a saber: Seguro de jubilación (retiro), seguro de sobrevivientes, seguro de incapacidad y seguro de salud.

A los trabajadores incapacitados y jubilados, sus cónyuges y sus hijos se les pagan beneficios mensuales si reúnen los requisitos de elegibilidad referidos en este capítulo. Bajo el seguro de sobrevivientes, a las viudas e hijos menores se les pagan beneficios mensuales si reúnen los requisitos de elegibilidad establecidos en este capítulo. También se pueden pagar beneficios a algunos cónyuges divorciados, viudas divorciadas y algunos padres de trabajadores asegurados.

Además de las prestaciones mensuales, la Ley de Seguro Social también incluye disposiciones sobre Medicare. Oficialmente se denomina Seguro de Salud y tiene dos partes: Seguro de Hospital y Seguro Médico. Este tema se trata más detalladamente en el Capítulo 9, MEDICARE.

BENEFICIOS DE JUBILACIÓN

Sección 202
Otros nombres: Seguro de Beneficios para la Vejez; Seguro de Beneficios de Retiro.

Codigo de identificación del beneficiario: (vease la Sección 1006.)

Requisitos:

1. Tener 62 años de edad durante el mes entero (véase la Sección 207.4);

2. acreditar suficiente tiempo e ingresos por trabajo cubiertos por el Seguro Social a efectos de estar "totalmente asegurado" (véase la Sección 602); y

3. presentar una solicitud. (véase la Sección 4.)

Cantidad de beneficio: El 100% de la cantidad del seguro primario (véase la Sección 702.1) a la edad de jubilación completa; reducida antes de cumplir la edad de jubilación completa. (Este aspecto se explica más detalladamente en el Capítulo 7.)

Terminación: El derecho a cobrar beneficios termina al concluir el mes anterior al mes de la muerte.

BENEFICIOS POR INCAPACIDAD

Sección 203

Otros nombres: Seguro de beneficios por incapacidad; beneficios para trabajadores incapacitados.

Código de identificación de beneficiario: HA (véase la Sección 1006.)

Requisitos:

1. Haber cumplido la edad de jubilación completa (después de cumplir la edad de jubilación completa, aunque el beneficiario esté incapacitado, en vez de los beneficios por incapacidad se le paga la cantidad total, sin reducir, de los beneficios de jubilación);

2. tener suficiente tiempo e ingresos por trabajo cubiertos por el Seguro Social para tener derecho a la condición de asegurado especial por incapacidad (véase la Sección 604);

3. presentar una solicitud (véase el Capítulo 4);

4. estar totalmente incapacitado (véase la Sección 502); y

5. haber estado totalmente incapacitado durante un mínimo de cinco meses. (véase la Sección 507.)

Cantidad de beneficio: El 100% de la cantidad del seguro primario (véase la Sección 702.1) sin reducción por edad. (Consulte el Capítulo 7 donde se incluye una explicación completa respecto a los cálculos de beneficios y las Secciones 511 y 512 donde se incluye información sobre la compensación de trabajadores y otros beneficios. En algunos casos los beneficios están sujetos a descuentos.)

Terminación: El derecho a cobrar los beneficios termina:

1. el mes anterior al mes en que se cumple la edad de jubilación completa (al beneficiario se lo cambia inmediatamente de categoría y comienza a cobrar beneficios de jubilación);

2. el segundo mes después del cese de los beneficios por incapacidad (véase la Sección 513); o,

3. el mes anterior al mes de la muerte.

BENEFICIOS DE LOS CÓNYUGES
Sección 204

❏ Sección 204.1 Beneficios para los cónyuges:
62 años de edad o más
Otros nombres: Beneficios para la esposa; beneficios para el marido (según el sexo); beneficios para cónyuge anciano; beneficios para esposa anciana; beneficios para esposo anciano.

Código de identificación de beneficiario: B [(o HB si el trabajador recibió beneficios por incapacidad)] (véase la Sección 1006.)

Requisitos:

1. Ser esposa o esposo de un trabajador con derecho a cobrar beneficios de jubilación o incapacidad.

NOTA: *El matrimonio puede ser "considerado válido" por la SSA aunque no esté legalmente reconocido (véase la Sección 207.5);*

2. su matrimonio deberá haber durado un mínimo de un año (véase la Sección 207.6 donde figuran las excepciones a este requisito);

3. tener al menos 62 años de edad durante el mes entero (véase la Sección 207.4);

4. presentar una solicitud (véase el Capítulo 4); y

5. no tener derecho a cobrar una cantidad mayor por beneficios de jubilación o incapacidad sobre la base de sus propios registros de ingresos. [Usted puede tener derecho a cobrar ciertos beneficios como cónyuge aunque tenga derecho a cobrarlos en base a sus propios registros de ingresos, cuando la cantidad de los beneficios que usted cobraría en base a sus propios registros es menor de la mitad de la cantidad de seguro primario de su cónyuge. (véase la Sección 302.)]

Cantidad de beneficio: La mitad de la cantidad de seguro primario de su cónyuge (véase la Sección 702.1) para quienes hayan cumplido la edad de jubilación completa; dicha cantidad reducida para quienes no hubieran cumplido la edad de jubilación completa (véase la Sección 703.1), a menos que usted tenga un hijo a su cargo (véase la Sección 207.8); dicha cantidad reducida por sus propios beneficios (véase la Sección 302); y sujeta a un tope máximo por familia.

Terminación: El derecho a cobrar los beneficios termina:

1. el mes anterior al mes en el cual el beneficiario tenga derecho a cobrar beneficios más altos en base a sus propios registros de ingresos (véase la Sección 302);

2. el mes anterior al mes de su divorcio (el beneficiario puede pasar a cobrar beneficios como cónyuge divorciado; consulte la Sección 204.2);

3. el mes anterior al mes de la muerte del cónyuge sobre la base de cuyos ingresos usted recibe beneficios o anterior al mes en que deja de estar incapacitado [en el caso de muerte del cónyuge es posible pasar a cobrar beneficios como viuda(o) (consulte los datos referentes a los requisitos en la Sección 204.4 y la información sobre cómo funciona el cambio automático de cobrar beneficios cómo cónyuge a cobrar beneficios como viuda(o)];

4. si sus beneficios se calculan en base a una unión "considerada matrimonial" (véase la Sección 207.5), el mes anterior al mes en el cual el beneficiario se casa con otra persona o la esposa legal del trabajador adquiere el derecho de cobrar beneficios en su propio nombre; o

5. el mes anterior al mes de la muerte.

Otros datos: Los beneficios de los cónyuges son neutrales (para personas de uno u otro sexo). Usted puede tener derecho a ellos ya sea como esposo o esposa del trabajador. Cuando en este manual se utiliza la palabra "esposa", puede usted sustituirla por "esposo" cuando corresponda.

❑ Sección 204.2 Beneficios para los cónyuges: Estando a cargo de un hijo

Otros nombres: Esposa joven; esposo joven; cónyuge joven.

Código de identificación de beneficiario: B2 [(o HB2 si el trabajador recibe beneficios por incapacidad)] (véase la Sección 1006.)

Requisitos: Los requisitos son los mismos que los de un cónyuge anciano (véase la Sección 204.1), con una sola excepción. Se pueden cobrar estos beneficios a cualquier edad siempre que el beneficiario tenga a su cargo un hijo del trabajador (véase la Sección 207.8) que tenga derecho a beneficios como hijo con cargo a la cuenta del trabajador y que tenga menos de 16 años de edad o que esté discapacitado (cualquier edad si está discapacitado) y que le brinde a dicho hijo servicios personales sustanciales.

Cantidad de beneficio: El 50% de la cantidad del seguro primario del cónyuge. (véase la Sección 702.) No se aplica reducción por no haber cumplido la edad de jubilación completa. Los beneficios están sujetos a descuentos si superan el tope familiar máximo. (En el Capítulo 7 se incluye una explicación completa sobre los cálculos pertinentes.)

Terminación: Se produce de la misma manera que respecto a los beneficios para los cónyuges ancianos (véase la

Sección 204.1), y el mes anterior al mes en el que el hijo de menos edad cumple 16 años. (véase la Sección 207.8.)

Otros datos: Los beneficios para los cónyuges son neutrales (para personas de uno u otro sexo). Usted puede tener derecho a dichos beneficios siendo esposa o esposo del trabajador cubierto por el Seguro Social.

NOTA: *Los beneficios podrán suspenderse durante cualquier mes en el que el beneficiario no tenga un hijo a su cargo. (véase la Sección 207.8, HIJO A CARGO.)*

❏ Sección 204.3 Beneficios para los cónyuges: Cónyuge divorciado

Otros nombres: Esposa divorciada; esposo divorciado.

Código de identificación de beneficiario: B6 (véase la Sección 1006.)

Requisitos:

1. El ex cónyuge (el trabajador) debe tener derecho a beneficios de jubilación o de incapacidad.

   NOTA: *A partir de enero de 1985, un cónyuge divorciado puede tener derecho a beneficios independientemente si ha estado divorciado durante un mínimo de dos años. Esta disposición significa que el cónyuge divorciado puede recibir beneficios aunque el trabajador no los haya solicitado o si sus beneficios están suspendidos debido a un exceso de ingresos.*

   El requisito de los dos años tiene como fin evitar que esta disposición se convierta en un incentivo para el divorcio por conveniencia. Si el ex cónyuge todavía no ha solicitado beneficios deberá ser "elegible" para solicitarlos;

deberá estar "asegurado" (véase el Capítulo 6) y haber cumplido 62 años de edad o estar incapacitado;

2. ser esposa o esposo del trabajador según lo define la SSA (véase la Sección 207.5);

3. haber estado casado(a) con el trabajador durante un mínimo de diez años inmediatamente antes de que el divorcio fuera definitivo (no se puede agregar los años en que usted estuviera casado(a) con una persona si usted se ha divorciado y vuelto a casar con la misma persona);

4. presentar una solicitud (véase el Capítulo 4);

5. tener 62 años de edad durante el mes entero. (véase la Sección 207.4.) No se tiene derecho como esposa divorciada si tiene menos de 62 años aunque tenga un hijo a cargo;

6. no tener derecho a cobrar beneficios de jubilación o incapacidad más altos en base a sus propios registros ; y

7. no estar casado(a).

Cantidad de beneficio: Igual que la que le corresponde a un cónyuge anciano (véase la Sección 204.1), pero sin estar sujeta a un tope familiar máximo.

Terminación: El derecho a los beneficios termina:

1. se presentan las mismas circunstancias en las que termina el derecho a beneficios para una esposa anciana (véase la Sección 204.1); o

2. al volverse a casar. Sin embargo, usted podría seguir siendo elegible si se casa con ciertos beneficiarios del Seguro Social.

19

☐ Sección 204.4 Beneficios para los cónyuges: De 62 años de edad o más

Otros nombres: Seguro de beneficios para viudas; seguro de beneficios para viudos; viuda anciana; viudo anciano.

Código de identificación de beneficiario: D (Sección 1006.)

Requisitos:

1. Que el trabajador con el cual usted estuvo casado(a) estuviera totalmente asegurado en el momento de producirse su muerte (véase el Capítulo 6);

2. que usted haya estado "casado(a)" (véase la Sección 207.5, EL REQUISITO DE ESTAR CASADO) con el trabajador;

3. que usted hubiera estado casado(a) durante un mínimo de nueve meses antes de morir el trabajador (véase la Sección 207.7, donde figuran las excepciones a este requisito);

4. presentar una solicitud (véase el Capítulo 4, especialmente la Sección 405, respecto al cambio automático de la categoría de esposa a viuda);

5. tener una edad mínima de 60 años;

6. no tener derecho a beneficios de jubilación o incapacidad más altos en base a sus propios registros (véase la Sección 303); y,

7. no estar casado(a) (si usted vuelve a casarse después de los 60 años, para los propósitos del Seguro Social no se le considerará casado).

Cantidad de beneficio: El 100% de la cantidad del seguro primario (véase la Sección 702), reducida por la edad si usted recibe este beneficio antes de cumplir la edad de jubilación completa, y también sujeta a otros descuentos. Si usted también cuenta con ingresos en sus registros por su propio trabajo, consulte el Capítulo 3, especialmente la Sección 303.

Terminación: El derecho a este beneficio finaliza:

1. el mes anterior al mes en el cual usted tenga derecho a cobrar beneficios de jubilación o incapacidad más altos sobre la base de sus propios registros (véase la Sección 303 donde se incluyen explicaciones respecto al derecho a cobrar los dos tipos de beneficios);

2. si usted tiene derecho a este beneficio debido a una unión "considerada matrimonial" (véase la Sección 207.5), los beneficios terminarán si otra persona adquiere derecho a cobrarlos legalmente como viudo o viuda; o

3. el mes anterior al mes de la muerte.

Otros datos: Los beneficios de viudedad son neutros (para personas de uno u otro sexo).

☐ Sección 204.5 Beneficios para el cónyuge: Madre y viuda con un hijo a cargo

Otros nombres: Viuda joven; beneficios maternos; beneficios paternos.

Código de identificación de beneficiario: E (véase la Sección 1006.)

Requisitos:

1. Que el trabajador haya muerto estando totalmente asegurado o asegurado en el momento (véase el Capítulo 6);

2. estar "casado(a)" con el trabajador (véase la Sección 207.5);

3. presentar una solicitud (véase el Capítulo 4, especialmente la Sección 405);

4. no estar casado(a);

5. no tener derecho a beneficios de viudedad en base a otra cuenta o a beneficios de jubilación o de incapacidad sobre la base de sus propios registros (véase el Capítulo 3, DOBLE DERECHO); y

6. tener un "hijo a cargo." (véase la Sección 207.8.)

Cantidad de beneficio: El 70% de la cantidad del seguro primario del trabajador (véase la Sección 702), sujeta al tope familiar máximo. (véase el Capítulo 7.)

Terminación: El derecho a cobrar este beneficio termina en el mes anterior al mes en el cual se produzca cualquiera de las siguientes circunstancias:

1. si usted adquiere derecho a cobrar un beneficio más alto en base a otra cuenta;

2. si el hijo a su cargo cumple 16 años, a menos que dicho hijo esté incapacitado y usted le esté brindando servicios. (véase la Sección 207.8.) Si usted tiene derecho por tener a su cargo a un hijo incapacitado adulto, los beneficios terminarán si dicho hijo deja de estar incapacitado;

3. si usted vuelve a casarse;

4. si su derecho a los beneficios se basa en una unión "considerada matrimonial" (véase la Sección 207.5) y otra persona adquiere el derecho de cobrar beneficios en calidad de viuda legal; o,

5. el mes anterior al mes de la muerte.

Otros datos: Si sus beneficios terminan por haberse usted vuelto a casar, pueden volver a ponerse en vigor si termina el matrimonio subsiguiente. (véase la Sección 904.) Los beneficios son neutrales (para personas de uno y otro sexo).

❐ Sección 204.6 Beneficios para los cónyuges: Beneficios para viudas incapacitadas; de 50 a 59 años de edad

Otros nombres: Seguro de beneficios para viudas incapacitadas, seguro de beneficios para viudos incapacitados.

Código de identificación de beneficiario (Sección 1407): W (véase la Sección 1006.)

Requisitos: Los mismos requisitos que se exigen para beneficios de viuda anciana (véase la Sección 204.4), pero en vez de tener un mínimo de 60 años se deberán reunir los siguientes requisitos:

1. años de edad como mínimo;

2. estar totalmente incapacitado (véase la Sección 502);

3. la incapacidad deberá haber comenzado no después de haber transcurrido siete años desde la muerte del trabajador o siete años después de haber comenzado a tener derecho a beneficios maternos (véase la Sección 204.5) o beneficios para viuda incapacitada, si hubiera tenido derecho a ello previamente; y

4. la incapacidad se hubiera extendido durante más de cinco meses (véase la Sección 507) y se espera que se extienda al menos durante un año. (véase la Sección 502.)

PITKIN COUNTY LIBRARY
120 NORTH MILL STREET
ASPEN, COLORADO 81611

Cantidad de beneficio: El 71% de la cantidad del seguro primario del trabajador vese. (véase la Sección 702.) Antes de 1984 se efectuaban descuentos adicionales por edad y a los beneficiarios que tuvieran menos de 60 años se les descontaba dinero por cada mes que tuvieran por debajo de los 60 años. Estas disposiciones fueron eliminadas. Véase el Capítulo 7 donde consta una discusión completa respecto al cálculo de beneficios.

Terminación: El derecho a estas prestaciones termina en las mismas circunstancias aplicables a los beneficios para viudas (véase la Sección 204.4), y cuando termina la incapacidad. (véase la Sección 513.)

NOTA: *Respecto a los beneficios para viudas incapacitadas, a partir de 1984, volverse a casar después de los 50 años no se tiene en cuenta para los propósitos del Seguro Social.*

Otros datos: Los beneficios para viudas discapacitadas son neutrales (para personas de uno u otro sexo).

❏ Sección 204.7 Beneficios para los cónyuges:
Beneficios para viudas divorciadas

Otros nombres: Esposa divorciada sobreviviente; esposo divorciado sobreviviente; viudo divorciado; madre divorciada; padre divorciado.

Código de identificación de beneficiario: D6 [(viuda anciana divorciada)]; E1 [(viuda joven divorciada con hijo a cargo)]; W6 [(viuda divorciada incapacitada)] (véase la Sección 1006.)

Requisitos:

1. El trabajador deberá haber muerto estando totalmente asegurado [para una viuda joven el trabajador deberá haber estado asegurado en el momento (véase el Capítulo 6)];

2. haber estado legalmente casado(a) con el trabajador [tenga en cuenta que una unión "considerada matrimonial" no es suficiente (véase la Sección 207.5)];

3. el matrimonio deberá haber durado un mínimo de 10 años inmediatamente anteriores a la fecha del divorcio;

4. presentar una solicitud (véase el Capítulo 4);

5. tener 60 años de edad o estar incapacitado (véase la Sección 502), o estar a cargo de un hijo del trabajador (véase la Sección 207.8);

6. no tener derecho a beneficios de jubilación o incapacidad más altos sobre la base de sus propios registros (véase la Sección 303); y

7. no estar casado(a).

Cantidad de beneficio: La misma que le corresponde a una viuda no divorciada, pero sin estar sujeta al tope familiar máximo. (véase la Sección 703.2.)

Terminación: El derecho a estos beneficios termina en las mismas circunstancias descritas en la Sección 204.4 respecto a una viuda anciana, en la Sección 204.6 respecto a una viuda incapacitada, o la Sección 204.5 respecto a una viuda joven.

BENEFICIOS PARA LOS HIJOS

Sección 205

☐ Sección 205.1 Beneficios para los hijos:
Menores de dieciocho años de edad

Otros nombres: Hijo sobreviviente; hijo dependiente.

Código de identificación de beneficiario: C [(HC si el trabajador cobra beneficios por incapacidad)] (véase la Sección 1006.)

Requisitos:

1. El trabajador debe tener derecho a beneficios de jubilación o incapacidad o, en el caso de sobrevivientes, deberá haber muerto estando totalmente asegurado (véase la Sección 602) o asegurado en el momento (véase la Sección 603);

2. ser hijo(a) del trabajador según se define más adelante, en la Sección 207.9. En ciertas circunstancias en esta categoría se podrían incluir hijastros, hijos ilegítimos, hijos adoptivos y nietos;

3. ser dependiente del trabajador en el momento en que éste se convierte en elegible para cobrar beneficios de jubilación o incapacidad o muere (véase la Sección 207.10);

   NOTA: *Si usted es hijo(a) natural del trabajador se le considerará independiente*

4. presentar una solicitud (véase el Capítulo 4);

5. no estar casado(a); y

6. tener menos de 18 años de edad. (Respecto a estudiantes véase la Sección 205.2 y respecto a hijos adultos incapacitados véase la Sección 205.3.)

Cantidad de beneficio: Los hijos que tienen derechos respecto a la cuenta de un trabajador vivo reciben el 50% de la cantidad del seguro primario. (véase la Sección 702.1.) Los hijos con derechos respecto a la cuenta de un trabajador fallecido reciben el 75% de la cantidad del seguro primario. En todos los casos la cantidad está sujeta al tope familiar máximo.

Terminación: El derecho a cobrar estas prestaciones termina al terminar el mes anterior a que se produzca cualquiera de las siguientes circunstancias:

1. cumplir 18 años de edad (a menos que usted fuera estudiante o estuviera incapacitado, véase las Secciones 205.2 y 205.3);

2. casarse;

3. el derecho del trabajador a estos beneficios concluye por algún motivo que no fuera la muerte. Si el trabajador muere, usted tendrá derecho a beneficios en calidad de hijo(a) sobreviviente; o

4. usted muere.

❏ Sección 205.2 Beneficios para los hijos:
Estudiantes de escuela secundaria

Requisitos:

1. Los requisitos son los mismos que los que se exigen a un hijo menor de 18 años de edad; con la excepción de que a usted no se le requiere tener menos de 18 años;

2. no ser mayor de 19 años de edad. Los beneficios podrán extenderse hasta un máximo de tres meses después de cumplidos los 19 años si usted hubiera cumplido dicha edad durante el semestre o trimestre de estudios;

3. ser estudiante de tiempo completo en una escuela primaria o secundaria aprobada; y

4. la empresa en la que trabaja no deberá pagarle por ir a la escuela.

Cantidad de beneficio: Igual que la que corresponde a un hijo menor de 18 años de edad. (véase la Sección 205.1.)

Terminación: Igual que la que se aplica a un hijo menor de 18 años (véase la Sección 205.1); o cuando usted deja de ser estudiante de tiempo completo; o cuando la empresa para la que usted trabaja comienza a pagarle por asistir a la escuela.

NOTA: *Una escuela se considera aprobada si se trata de un centro de enseñanza acreditado por el estado en la cual está situada y su propósito principal consiste en impartir enseñanza primaria o secundaria. Ser estudiante de tiempo completo significa asistir a clases 20 horas por semana, en un curso de un mínimo de 13 semanas.*

❑ Sección 205.3 Beneficios para los hijos:
Hijos adulto incapaitado

Otros nombres: Beneficiario de seguro de incapacidad para hijos; hijo adulto discapacitado.

Requisitos:

1. Los requisitos son los mismos que se establecen en la Sección 205.1, con la diferencia de que se exige tener 18 o más anos de edad; y

2. quedar totalmente incapacitado antes de cumplir los 22 años de edad. (véase la Sección 502.)

NOTA: *Si sus beneficios cesan cuando usted cumple 18 años de edad, usted puede recuperar el derecho a cobrarlos si queda incapacitado antes de cumplir los 22 años.*

Cantidad de beneficio: La misma que corresponde a los hijos menores de 18 años de edad. (véase la Sección 205.1.)

Terminación: El derecho a los beneficios termina cuando se producen las siguientes circunstancias:

1. bajo las mismas condiciones descritas en la Sección 205.1 respecto a los hijos menores de 18 años, excepto en lo que se refiere a los requisitos de edad. En algunos casos, el estar casado(a) con un beneficiario del Seguro Social no significa que terminen los beneficios como hijo incapacitado (véase la Sección 1009); o

2. cuando cesa la incapacidad. (véase la Sección 513.) Si usted queda incapacitado nuevamente después de que la incapacidad concluya, los beneficios podrán continuar si usted queda incapacitado por segunda vez dentro de los siete meses después del mes en el cual terminen sus beneficios en calidad de hijo incapacitado.

❑ Sección 205.4 Beneficios para los hijos: Nietos

Otros nombres: Se les suele llamar beneficios para los hijos aunque el derecho a dichos beneficios se base en su condición de nieto.

Requisitos:

Los nietos podrán ser elegibles para recibir beneficios si reúnen los requisitos para los beneficios de los hijos a los que se hace referencia en las secciones precedentes y además reúnan estos requisitos:

1. ser hijo de un hijo de un trabajador cubierto por el Seguro Social (véase la Sección 207.9);

2. sus padres deberán estar muertos o totalmente incapacitados (véase la Sección 502) en el momento en el que el abuelo adquiere, en primer lugar, derecho a beneficios de jubilación, beneficios por incapacidad o muere. Si su abuelo muere después de adquirir el derecho a cobrar beneficios, usted deberá haber reunido los requisitos en la fecha en la cual él comenzó a tener derecho a los beneficios; y

3. el nieto es dependiente del abuelo. (véase la Sección 207.10.)

Cantidad de beneficio: La cantidad que corresponde a los beneficios en calidad de nieto es la misma que corresponde a los beneficios en calidad de hijo.

Terminación: Estos beneficios terminan bajo las mismas condiciones en que terminan otros tipos de beneficios para los hijos.

BENEFICIOS PARA LOS PADRES

Sección 206

NOTA: *Estos beneficios pueden pagarse sólo a los padres sobrevivientes de trabajadores fallecidos. No pueden pagarse si el trabajador está vivo.*

Código de identificación de beneficiario: F (véase la Sección 1006.)

Requisitos:

1. El trabajador deberá haber muerto estando totalmente asegurado (véase la Sección 602);

2. ser padre (o madre) natural del trabajador según las leyes del estado en el cual el trabajador tenga su residencia permanente. Si el trabajador es hijo adoptivo suyo, deberá haberlo adoptado antes de cumplir 16 años de edad. Si usted es padrastro (o madrastra) del trabajador, deberá haberse casado con el padre (o la madre) natural del trabajador antes de que el trabajador hubiera cumplido 16 años de edad;

3. haber cumplido 62 años de edad;

4. no haberse casado desde la muerte del trabajador;

5. presentar una solicitud (véase el Capítulo 4);

6. no tener derecho a cobrar beneficios de jubilación o incapacidad que fueran mayores que la cantidad de los beneficios en calidad de padre (o madre) del trabajador; y

7. al llegar el momento de su muerte, o el momento en que quedó incapacitado, si la incapacidad hubiera continuado hasta el momento de su muerte, el trabajador deberá haber cubierto por lo menos de la mitad de sus gastos de subsistencia.

NOTA: *La constancia (prueba) de que el trabajador lo ha mantenido deberá presentarse a la Administración de Seguro Social (SSA) dentro de los dos años siguientes a la muerte del trabajador o la fecha en que comenzó a ser elegible para recibir beneficios. Si* *dicha prueba no se presenta dentro de los dos años siguientes a la muerte o al comienzo de la incapacidad del trabajador-independientemente de que usted tenga o no derecho a recibir beneficios en ese momento, no podrá ser elegible en fecha futura, a menos que usted pueda establecer que hubo motivos justificados que explican el retraso en la presentación de dichos documentos.*

Cantidad de beneficio: Para determinar la cantidad de los beneficios en calidad de padres es necesario establecer si uno o los dos padres tienen derecho a recibir beneficios de este tipo. Si sólo uno de los padres es elegible, los beneficios ascenderán al 82% de la cantidad del seguro primario del trabajador. (véase la Sección 702.1.)

Si dos de los padres son elegibles, le corresponderá cobrar a cada uno el 75% de la cantidad del seguro primario del trabajador. Este monto estará sujeto a descuentos si excede del tope familiar máximo.

OTROS REQUISITOS

Sección 207

❑ Sección 207.1 Pagos especiales para personas mayores de 72 años de edad

Otros nombres: Beneficios *Prouty*.

En la década de los 60 se aprobaron leyes especiales para permitir que se emitan pagos especiales destinados a personas muy mayores, aunque no hubieran trabajado cotizando al Seguro Social o aunque no tuvieran suficientes créditos como para tener derecho a beneficios regulares. En todo el país sólo queda un número muy reducido de beneficiarios que tienen derecho a estos pagos especiales y la mayoría los está recibiendo.

Si usted jamás ha trabajado, para ser elegible deberá haber cumplido 72 años de edad antes de 1968. Si usted ha cumplido los 72 años después de 1967, deberá tener una cobertura de tres cuartas partes (véase la Sección 605.1) por cada año posterior a 1966 y antes del año en el cual usted cumpliera 72 años de edad.

Para los hombres que cumplieron 72 años en 1972 o después de dicho año, y para las mujeres que cumplieron 72 años en 1970 o después de dicho año, los requisitos de trabajo son los mismos que se establece para estar "totalmente asegurado." (véase la Sección 602.)

Estos beneficios los mencionamos solamente al pasar, para que la información que proporcionamos esté completa. En la actualidad estos beneficios casi no existen.

❒ Sección 207.2 Pago global por muerte

A ciertos sobrevivientes de un trabajador que muriera estando totalmente asegurado o asegurado en el momento se les otorga un pago global de $255. Este beneficio se le paga solamente a una persona (con la excepción de los hijos, como se indica más adelante), de conformidad con el siguiente orden de prioridades:

1. el cónyuge sobreviviente que viviera en el mismo hogar en el que vivía el trabajador en el momento de producirse su muerte;

2. un cónyuge sobreviviente que no viviera en el mismo hogar pero que potencialmente tuviera derecho a beneficios mensuales en base a los registros del trabajador fallecido en el mes que se produjera su muerte; y

3. si no hubiera cónyuges sobrevivientes, el pago se otorga a los hijos sobrevivientes del trabajador, que fueran elegibles para recibir beneficios mensuales en base a los registros del trabajador. Todos los supervivientes deberán dividirse en partes iguales el pago global por la muerte del trabajador.

Se efectúa un solo pago de $255, aunque tenga que repartirse entre los hijos sobrevivientes. Si no hay personas que correspondan a las categorías descritas en esta sección no se efectuará el pago global por muerte.

Para recibir este beneficio es necesario presentar una solicitud a más tardar dos años después de la fecha de la muerte del trabajador.

❏ Sección 207.3 Medicare

En esta sección trataremos solamente los requisitos básicos de elegibilidad para el Medicare. Las disposiciones respecto a la cobertura (lo que paga Medicare) se explican en el Capítulo 9, y los requisitos para solicitar beneficios se explican en el Capítulo 4.

Medicare tiene dos partes: Seguro de Hospital ("Parte A") y Seguro Médico ("Parte B"). El Seguro de Hospital principalmente cubre los gastos de tratamiento al estar ingresado en un hospital, y el Seguro Médico cubre las cuentas de los médicos. Ambas partes cubren también otros gastos.

Existen plazos para presentar la solicitud para obtener cobertura a través de Medicare. Si usted no presenta la solicitud dentro del plazo adecuado, es posible que pierda dicha cobertura y que tenga que pagar una prima extra para obtener Seguro Médico. (véase la Sección 407.)

Seguro de hospital

Hay tres grupos de personas elegibles para el Seguro de Hospital de Medicare. El primer grupo se compone de las personas de 65 o más años de edad que se encuentren en las siguientes circunstancias:

a) reciban cualquier beneficio mensual del Seguro Social o de la Junta de Retiro Ferroviario o sean elegibles para recibirlos. Aunque usted todavía esté trabajando deberá presentar una solicitud de Medicare (véase la Sección 404.3);

b) sean empleados federales con suficientes trimestres de protección (a partir de enero de 1983 a los empleados federales se les descuenta de su sueldo el impuesto de Medicare). Existen disposiciones especiales para concederles créditos a dichos empleados por el trabajado desempeñado antes de 1983, o si en enero de 1984 fueran empleados del gobierno federal; o

c) paguen una prima mensual y sean ciudadanos de EE.UU. o extranjeros residentes legalmente admitidos que hubieran residido en Estados Unidos durante cinco o más años seguidos.

El segundo grupo de personas elegibles para el Seguro de Hospital se compone de personas que tengan derecho a que

el Seguro Social les pague beneficios mensuales por incapacidad (incluidos los hijos adultos incapacitados y las viudas incapacitadas) o empleados federales incapacitados que
tuviesen suficientes créditos por trabajo para tener derecho
a Medicare. La cobertura para ambos grupos comienza en el
mes 25 de la incapacidad, sin contar el período de espera.
(véase la Sección 507.)

El tercer grupo lo integran las personas que sufren de enfermedad renal en etapa final (insuficiencia de los riñones) y
que siguen un tratamiento normal de diálisis o se les efectúa
un transplante de riñón y que están totalmente asegurados o
asegurados en el momento (véase las Secciones 602 y 603);
o son cónyuges o ex cónyuges (habiendo estado casados
durante un mínimo de 10 años) con una persona que estuviera totalmente asegurada o asegurada en el momento; o, si
la persona tiene menos de 25 años de edad cuando se produce la insuficiencia renal, el hijo de un trabajador que estuviera totalmente asegurado o asegurado en el momento.

NOTA: *El cónyuge o el padre (o madre) de un paciente
enfermo de los riñones no necesita ser elegible para cobrar beneficios del Seguro Social. Por ejemplo, una persona de 50 años
que esté trabajando a tiempo completo no es elegible para
recibir beneficios mensuales del Seguro Social, pero de conformidad con esta disposición, su cónyuge, o sus hijos menores
de 25 años de edad, pueden tener derecho a Medicare en base
a los registros del trabajador.*

Seguro Médico

Existen tres grupos de personas que son elegibles para el
Seguro Médico de Medicare.

El primer grupo se compone de personas de 65 o más años de edad que sean ciudadanas de EE.UU. (o residentes permanentes legalmente admitidos que hubieran residido en este país durante cinco o más años seguidos), que pagan la prima mensual. A fin de ser elegible para el Seguro Médico no es necesario ser elegible para el Seguro de Hospital o ningún otro tipo de beneficio del Seguro Social.

El segundo grupo está integrado por personas elegibles para el Seguro de Hospital por sufrir algún tipo de incapacidad (véase más arriba), que paguen la prima mensual.

El tercer grupo se compone de aquellas personas que tienen derecho al Seguro de Hospital de Medicare por sufrir de enfermedad renal en etapa final (véase más arriba) y que pagan la prima mensual.

❑ Sección 207.4 Tener 62 anos de edad
"durante el mes entero"

El Seguro Social tiene una norma especial que se aplica a los trabajadores jubilados y sus esposas que solicitan beneficios a partir de la edad de 62 años. No se puede recibir beneficios de jubilación o de cónyuge anciano sin tener 62 años de edad durante el mes entero. Generalmente, esto significa que usted no puede recibir beneficios del Seguro Social para el mes de su cumpleaños número 62 porque no ha tenido 62 años durante el mes entero. Esta norma no se aplica a las viudas.

Si su cumpleaños número 62 es el primer día del mes usted será elegible porque usted tendrá 62 años de edad durante el mes entero. Si su cumpleaños es el segundo día del mes también será elegible para dicho mes porque para los propósitos del Seguro Social usted cumple la edad requerida el día anterior a su cumpleaños.

En otras palabras, si su cumpleaños es el 2 de agosto, para los propósitos del Seguro Social usted cumple 62 años de edad el 1 de agosto. Por consiguiente, usted es elegible para recibir los beneficios correspondientes a dicho mes. Si su cumpleaños es el 3 de septiembre, su primer mes de elegibilidad será septiembre.

Por supuesto, usted puede ser elegible para cualquier mes después del mes en el que usted cumple 62 años de edad.

❒ Sección 207.5 El requisito del matrimonio

A fin de calificar para recibir beneficios como cónyuge o viudo(a), el reclamante deberá haber estado casado con el trabajador. Generalmente, tal cosa significa que el matrimonio deberá ser reconocido como válido en el estado en el cual tuvo lugar. El Seguro Social solamente aceptará un matrimonio de ley común (de unión libre) si se registra en un estado donde se reconocen el matrimonio de ley común. La mayór parte de los estados no lo reconocen.

Una persona puede cumplir el requisito de matrimonio aunque no estuviera casada legalmente con el trabajador si se cumplen las siguientes condiciones:

1. si se hubiera celebrado una ceremonia de matrimonio;

2. si el reclamante se hubiera casado de buena fe con el trabajador sin saber de la existencia de factores que fuesen impedimentos en contra del matrimonio;

3. si el reclamante estuviera viviendo con el trabajador en el momento en que éste adquiriese derecho a beneficios o en el momento de su muerte;

4. si no hubiera una esposa o viuda legal u otra persona elegible para cobrar beneficios en base a los registros del trabajador; y

5. si el matrimonio no fuese válido por existir un impedimento legal o hubiera un defecto en el procedimiento que se hubiera seguido en relación con la ceremonia de matrimonio. Existe un impedimento legal, por ejemplo, cuando el trabajador estuviera casado con otra persona en el momento de efectuarse este matrimonio.

A esta disposición se la llama *matrimonio considerado válido*. Si sus beneficios se basan en un matrimonio considerado válido, terminarán cuando otra persona adquiera el derecho a cobrar beneficios con cargo a los registros del trabajador en calidad de esposa o viuda legal. Usted podrá recuperar el derecho a estos beneficios cuando termine el derecho de la otra persona a cobrar los beneficios.

❏ Sección 207.6 Excepciones al requisito de que el matrimonio dure un mínimo de un año para recibir beneficios como cónyuge

En la mayoría de los casos, a efectos de ser elegible para recibir beneficios como cónyuge de un trabajador, el matrimonio deberá haber durado un mínimo de un año antes de que comience la elegibilidad. Sin embargo, existen algunas excepciones a esta regla general. Estas excepciones son las siguientes:

1. el reclamante es padre (o madre) natural de un hijo del trabajador. Este requisito se cumple si el trabajador y el reclamante tuvieron un hijo nacido con vida, aun cuando no esté vivo en el momento en el que el reclamante solicita beneficios; o

2. el reclamante tuvo derecho o potencialmente tuvo derecho (bajo el Seguro Social o la Junta de Retiro Ferroviario) a beneficios en calidad de cónyuge, viuda(o), padre o madre, o como hijo en el mes anterior al mes en el que se celebró el matrimonio con el trabajador. Tener *derecho potencialmente* significa que usted podría haber recibido beneficios si los hubiera solicitado. No se tiene en cuenta su edad al determinar si usted tiene derecho potencialmente a recibir los beneficios.

❏ Sección 207.7 Excepciones al requisito de que la duración mínima de un matrimonio haya sido de nueve meses para poder recibir beneficios de viudedad

La regla general es que, a fin de ser elegible para beneficios como viudo(a), usted deberá haber estado casado con el trabajador durante un mínimo de nueve meses antes de la muerte del trabajador. Existen algunas excepciones a esta regla. Las excepciones que se aplican a los cónyuges (véase la Sección 207.6) también se aplican a las personas viudas, además de las siguientes:

1. el trabajador deberá haber muerto en un accidente;

2. si estuviera cumpliendo servicio militar activo, la muerte del trabajador deberá haberse producido en el cumplimiento del deber; o

3. el reclamante deberá haber estado casado con el trabajador, y dicho matrimonio deberá haber durado un mínimo de nueve meses.

NOTA: *Para que estas tres excepciones puedan aplicarse, en el momento de celebrarse el matrimonio la expectativa de vida mínima del trabajador deberá haber sido de nueve meses.*

❏ Sección 207.8 El requisito de tener un "hijo a cargo"

Si usted es cónyuge o viudo(a) de un trabajador cubierto, usted podrá ser elegible para recibir beneficios a cualquier edad si tiene a su cargo un hijo del trabajador. Para cumplir este requisito, el hijo deberá tener derecho a recibir beneficios con cargo a los mismos registros de ingresos bajo los cuales usted presenta su reclamación. El hijo tiene que ser menor de 16 años de edad o estar incapacitado. Si el hijo está incapacitado y tiene más de 16 años, usted puede ser elegible si le brinda servicios personales al hijo incapacitado.

NOTA: *El hijo a cargo puede seguir recibiendo beneficios hasta cumpla los 18 años de edad, pero su derecho a cobrarlos terminará cuando dicho hijo cumpla 16, a menos que esté incapacitado.*

No se requiere que el hijo esté físicamente bajo su custodia para cumplir el requisito de tener un hijo "a cargo". Si ejerce el control y la responsabilidad respecto a la crianza del hijo, usted puede estar cumpliendo el requisito. Por ejemplo, si el hijo es alumno pupilo en una escuela, usted podrá ser elegible para estos beneficios si se encarga de fiscalizar sus tareas y proporcionarle orientación paterna (o materna).

NOTA: *Si usted está separado del otro padre de ese hijo, no reúne el requisito de tener un "hijo a cargo" mientras que el hijo esté a cargo del otro padre. Se considera que un hijo está a su cargo si está con usted al menos un día por mes.*

Por ejemplo, si su hijo va a la casa del otro padre el 15 de julio y regresa con usted el 15 de agosto, usted reunirá el requisito en julio y en agosto. Sin embargo, si el hijo no regresa hasta el 15 de septiembre, usted no estará cumpliendo dicho requisito durante el mes de agosto. Respecto a cualquier mes en el cual su hijo no esté a su cargo, usted no tendrá derecho a beneficios y éstos serán suspendidos. Los beneficios pueden restablecerse cuando el hijo vuelva a estar a su cargo.

Si el hijo tiene más de 16 años de edad pero está incapacitado, usted aún puede reunir el requisito de tener un hijo "a cargo", si le está brindando servicios personales. Entre los servicios que se consideran personales se incluyen tareas tales como ayudar a su hijo a bañarse, alimentarlo, vestirlo, etc. Dentro del concepto de servicios personales se requiere brindar más servicios que los que se requieren respecto un hijo que no estuviera incapacitado.

☐ Sección 207.9 El requisito del parentesco con el hijo

Además de los hijos naturales, otros tipos de hijos pueden ser elegibles para recibir beneficios del Seguro Social. Estos hijos adoptivos, hijastros, hijos igualmente adoptados, y nietos.

Para ser elegible, un hijo adoptivo deberá haber sido adoptado antes de que el trabajador hubiera sido elegible para
recibir beneficios o antes de que el hijo cumpliera 18 años
de edad. Si el hijo cumplió 18 años y fue adoptado después
de que el trabajador hubiera adquirido el derecho a los beneficios, ese hijo deberá haber recibido la mitad de sus gastos
de subsistencia por parte del trabajador y haber vivido con
él durante el período de 12 meses inmediatamente anterior
al momento en que el trabajador adquirió el derecho a
recibir beneficios. La adopción deberá ser legal.

El hijastro deberá ser dependiente del trabajador (véase la
Sección 207.10) y el matrimonio de su padre (o madre) con
el trabajador deberá haber durado un año como mínimo
(nueve meses en el caso de sobrevivientes).

NOTA: *Si el hijastro vive en el mismo hogar del trabajador en el
momento de adquirir derecho a beneficios, el hijastro será considerado dependiente. Si el hijastro tiene derecho a beneficios, éstos no
terminarán aunque los padres se divorcien más adelante.*

Un hijo puede ser adoptivo de hecho si el trabajador hubiera
tenido intención de adoptar a dicho hijo pero no hubiera
podido cumplir los requisitos legales. Si se le presenta el
caso de una posible adopción de hecho, deberá consultar a
un abogado.

Los nietos pueden ser elegibles sobre la base de los registros
de sus abuelos, pero solamente si cumplen todos los demás
requisitos indicados en la Sección 205.4. Generalmente, tal
cosa significa que los padres han fallecido o están totalmente
incapacitados en el momento en el que el trabajador (el

abuelo o la abuela) adquiere derecho a estos beneficios, queda incapacitado o muere, de estas circunstancias la que se produzca antes.

❏ Sección 207.10 Requisitos para ser considerado dependiente de un trabajador

Se considera que los hijos naturales y adoptivos del trabajador son sus dependientes. Esto significa que no se exige el requisito de probar la condición de dependiente. Un hijastro que esté viviendo con el trabajador en el momento en que el trabajador pasa a ser elegible no necesita demostrar que es dependiente del trabajador. Sin embargo, en todos los otros casos, se deberá presentar constancia (prueba) de que el hijo era dependiente del trabajador y recibiera al menos la mitad de sus gastos de subsistencia en el año anterior al año en que el trabajador hubiera pasado a ser elegible a los beneficios, hubiera muerto, o de presentarse los casos relacionados con los sobrevivientes.

Fundamentalmente, el Seguro Social desglosará todos los gastos necesarios y razonables para la alimentación, la vestimenta, la vivienda y la educación de los hijos y calculará el total de tales gastos. Los requisitos de dependencia se cumplirán si el trabajador estuviera contribuyendo una suma igual o mayor de la mitad de estos gastos de subsistencia.

DERECHOS CON CARGO A MÁS DE UNA CUENTA 3

INFORMACIÓN GENERAL

Sección 301

En ciertas circunstancias, usted podrá tener derecho a recibir beneficios en base a dos cuentas del Seguro Social separadas. En este capítulo se explican estas situaciones.

NOTA: *En ese capítulo se hace referencia a los beneficios sin reducir que pueden cobrarse a los 65 años de edad. Sin embargo, comenzando por aquellas personas nacidas en 1938, en lo que se refiere a los beneficios de jubilación y para cónyuges, y 1940 en lo referente a los beneficios para viudos(as), ha aumentado la edad en la cual se pagan beneficios reducidos. El incremento de la edad de jubilación completa, como se la llama actualmente, dependerá del año en el que usted hubiera nacido. En la Sección 703— "Reducción de beneficios"—se incluyen explicaciones completas. Cuando en este libro se utiliza la expresión "65 años de edad", significa edad de jubilación completa.*

DERECHOS EN BASE A SUS PROPIOS REGISTROS DE INGRESOS Y COMO CÓNYUGE

Sección 302

Si la cantidad de su seguro primario (véase la Sección 702.1) basada en sus propios registros de ingresos es menor de la mitad de los de su cónyuge, usted podrá ser elegible para recibir beneficios adicionales sobre la base de los registros de su cónyuge. Si su cónyuge tiene derecho a beneficios de jubilación o incapacidad en el momento en que usted presenta su solicitud de beneficios (aunque sus beneficios hubieran sido suspendidos), usted deberá solicitar beneficios como cónyuge si la cantidad de su seguro primario es menor de la mitad de la de su cónyuge.

Aunque usted tenga intención de solicitar solamente beneficios como cónyuge, si tiene suficientes créditos por trabajo en su propia cuenta, el Seguro Social le requerirá que solicite también beneficios por su propia cuenta.

Las normas generales establecen que usted debe solicitar beneficios en base a sus propios registros si tiene suficientes trimestres de protección para estar totalmente asegurado (véase la Sección 602), y también debe usted solicitar beneficios con cargo a los registros de su cónyuge, si dicho cónyuge tiene derecho a beneficios y su propia cantidad de seguro primario es menor de la mitad de la de su cónyuge.

Esta regla se aplica aunque su cónyuge no esté recibiendo beneficios mensuales por tenerlos suspendidos (generalmente por tener otros ingresos). Si el cónyuge no tuviera derecho a cobrar beneficios por no haberlos solicitado todavía, las reglas anteriores no pueden aplicarse porque usted no podría ser elegible para cobrar beneficios como cónyuge en base a una cuenta que aún no ha sido establecida.

La norma que requiere que un cónyuge solicite beneficios por cuenta del otro cónyuge aunque sus beneficios mensuales estén suspendidos, puede dar lugar a una reducción de los beneficios del cónyuge. Esto ocurre cuando el trabajador está trabajando pero tiene "derecho" a beneficios de jubilación los cuales no se le están pagando debido a que el trabajador tiene un exceso de ingresos. Aunque no le estén pagando beneficios mensuales, legalmente tiene derecho a ellos.

Una persona que tenga derecho a beneficios de jubilación o incapacidad y a beneficios como cónyuge recibirá los beneficios regulares sobre la base de sus propios registros, reducidos por la edad si empieza a cobrar antes de cumplir 65 años de edad, más la diferencia entre la mitad de la cantidad de seguro primario del cónyuge y la propia. La diferencia se reducirá por la edad si comienza a cobrar los beneficios antes de cumplir 65 años de edad, entendiéndose que el factor edad para la reducción de beneficios se calcula en base al momento en que se adquiere el derecho a cobrar beneficios en calidad de cónyuge.

Ejemplo: Howard y Wanda están casados. Ambos tienen la misma edad; ambos han trabajado y ambos son elegibles para recibir beneficios de jubilación. Howard está trabajando a tiempo completo y percibe ingresos sustanciales.

Wanda no está trabajando. Ambos acaban de cumplir 62 años de edad. Wanda solicita sus beneficios de

47

jubilación. Su cantidad de seguro primario es $500. Como tiene 62 años de edad, su cantidad de seguro primario se reduce en 36 meses (por cada mes que le falte para cumplir 65 años de edad) y la cantidad de beneficio que le corresponde es de $400.

Dos años después, Howard se retira y solicita beneficios de jubilación. Su cantidad de seguro primario es $1200. Wanda decide solicitar beneficios como cónyuge en base a los registros de Howard. (Tenga en cuenta que ella tiene la opción de esperar a cumplir 65 años de edad para solicitar beneficios como cónyuge.)

Cuando ella había solicitado beneficios de jubilación sobre la base de sus propios registros, su esposo no tenía derecho a beneficios porque él todavía nos los había solicitado. Sin embargo, ahora ella solicita beneficios como cónyuge.

La cantidad se calcula tomando la mitad de la cantidad de seguro primario de su esposo ($1200 divididos por 2 = $600), restando la cantidad de su propio seguro primario ($500) y descontando la diferencia ($100) por el número de meses que en ese momento le faltan para cumplir los 65 años, los cuales son 12.

Utilizando el factor de reducción para cónyuges (Sección 703.1), la diferencia de $100 se reduce a $91. En este caso, entonces, Wanda recibe $400 en base a sus propios registros y $91 en base a los registros de su esposo.

DERECHOS EN BASE A SUS PROPIOS REGISTROS Y BENEFICIOS EN CALIDADE VIUDO(A)

Sección 303

Si usted es potencialmente elegible sobre la base de sus propios registros de ingresos y en base a los registros de su cónyuge fallecido(a), usted tiene distintas opciones. Usted puede recibir beneficios en base a sus propios registros o los de su cónyuge.

Si usted es menor de 65 años de edad, podrá recibir beneficios reducidos en una cuenta y cambiar a beneficios sin reducir en otra cuenta al cumplir los 65 años. A continuación explicaremos las reglas que se aplican a estas situaciones según la edad que usted tenga.

Menos de 62 años de edad

Si usted tiene menos de 62 años de edad no puede recibir beneficios de jubilación en base a sus propios registros. A partir de los 62 años usted puede recibir beneficios regulares en calidad de viudo(a). Si usted nació después de 1928, recibir beneficios reducidos como viudo(a) no afectará la cantidad que usted cobre por concepto de beneficios de jubilación si más adelante usted comienza a cobrarlos.

Si usted nació en 1928 o antes de dicho año, recibir beneficios en calidad de viudo(a) antes de cumplir 62 años de edad será motivo de una reducción permanente de sus propios beneficios de jubilación. (véase la Sección 703.1.) El monto en dólares de la reducción de los beneficios de viudedad, como

49

consecuencia de haber adquirido el derecho a cobrar dichos beneficios antes de cumplir 62 años de edad se descontará de sus beneficios de jubilación aunque usted no reciba los beneficios de retiro hasta la edad de 65 años.

También se descontará de los beneficios de jubilación pagaderos antes de los 65 años de edad. No obstante, si la reducción por edad regular por cobrar los beneficios de jubilación antes de los 65 años es mayor, solamente se aplicará la reducción mayor, no ambas. El cálculo de las cantidades de beneficios se explica detalladamente en el Capítulo 8.

Ejemplo: Jane Doe cumple 60 años de edad y solicita beneficios en calidad de viuda. La cantidad de seguro primario de su esposo (véase la Sección 702.1) asciende a $1000. El factor de reducción por edad para viudos(as) (véase la Sección 703.1) significa una disminución de $285, lo cual reduce la pensión mensual a $715, sobre la base de 60 meses de reducción, dado que a Jane le faltan 60 meses para cumplir 65 años de edad.

Jane también ha trabajado y ganado lo suficiente para tener derecho a beneficios de retiro en base a sus propios registros. Continúa recibiendo los beneficios de viudedad hasta que cumpla los 65 años, y solicita beneficios sobre la base de sus propios registros.

A los 65 años, puede recibir beneficios completos en base a sus propios registros, pero se le dejarán de pagar los beneficios como viuda. (Si Jane nació antes de 1928, sus propios beneficios se reducirían en $114 porque ella recibió beneficios como viuda durante 24 meses antes de cumplir 62 años de edad.) Desde luego, si los beneficios de viudedad reducidos son mayores que sus propios beneficios, ella seguirá recibiendo los beneficios en calidad de viuda.

Entre 62 y 65 años de edad

A los 62 años de edad usted puede recibir beneficios de jubilación sobre la base de sus propios registros o beneficios como viuda en base a los registros de su cónyuge. Sea cual fuere el tipo de beneficios que usted reciba, éstos experimentarán una reducción por edad equivalente al número de meses que le falten para cumplir 65 años de edad cuando usted sea elegible. (Véase la Sección 703.1, donde se incluyen explicaciones sobre la reducción de beneficios.) Usted puede recibir beneficios reducidos con cargo a una de las cuentas antes de cumplir los 65 años y después cobrar los otros beneficios, completos, al cumplir los 65 años (a menos que usted hubiera nacido antes de 1928 y hubiera comenzado a cobrar beneficios antes de los 62 años como se indicó anteriormente).

Su decisión respecto a cuál de estos tipos de beneficio debiera solicitar ahora y cuál debería solicitar a los 65 años de edad solamente se deberá basar en el monto en dólares de cada beneficio, reducido y sin reducir. Antes de tomar cualquier decisión al respecto deberá usted obtener un presupuesto (cálculo estimado) de los beneficios. (véase la Sección 1002.) Al ponerse en contacto con el Seguro Social asegúrese de presentar una constancia de haber presentado una reclamación, "protective filing statement." (véase la Sección 402.)

Al visitar o llamar a la oficina local deberá usted tratar solamente con un representante de reclamaciones. (véase la Sección 105.) Es importante proporcionarle la información más reciente sobre sus ingresos a fin de obtener los cálculos más exactos posibles. (véase la Sección 1002.) Usted es quien debe tomar la decisión definitiva. El Seguro Social no puede sugerirle qué decisión tomar, solamente pueden brindarle la información que le sirva como base para decidir.

Ejemplo: Jane Doe se jubila a los 62 años de edad. Ha trabajado bajo el Seguro Social y ahora es viuda. Acude a la Oficina de Distrito y se entera de que su cantidad de seguro primario es de $1000 y que la cantidad de seguro primario de su esposo fallecido es de $1200. El beneficio reducido por tener 62 años de edad que le corresponde a ella sería de $800 (véase la Sección 703.1), y sus beneficios de viudedad reducidos por tener 62 años de edad serían de $994. (véase la Sección 703.1.)

Jane puede cobrar ya sea $800 en base a sus propios registros a los 62 años de edad y al cumplir 65 años de edad $1200 sobre la base de los registros de su esposo, o $994 ahora en base a los registros de su esposo y $1000 en base a sus propios registros cuando cumpla 65 años de edad. ¿Qué decisión debería tomar?

En el ejemplo anterior, nadie puede decidir por ella. Jane tiene que tener en cuenta sus circunstancias personales, incluidos los ingresos que necesita. Tomar este tipo de decisiones se facilita al analizar la situación de la siguiente manera: Jane puede recibir $194 extra por mes durante los 36 meses que cobre beneficios antes de los 65 años si decide cobrar primero sus beneficios de viuda, pero a partir de los 65 años recibirá 200 dólares menos por mes, porque los beneficios completos del esposo son de $1200, cifra mayor que sus propios beneficios completos que ascienden a $1000. En este caso Jane recibiría $6984 más ($194 x 36 meses) antes de los 65 años de edad.

Si Jane no cobra estos beneficios más altos ahora y decide, en cambio, esperar a cumplir los 65 años y cobrar los $200 extra por mes, después de los 65 años tendrá que esperar 35 meses para compensar las prestaciones que podría haber recibido antes de los 65 años de edad. Este análisis no tiene en cuenta los intereses que el dinero extra podría estar generando, suponiendo que Jane lo hubiera invertido.

Sin contar los intereses, si Jane cobra los beneficios que le corresponden como viuda a los 62 años de edad en vez de cobrar beneficios en base a sus propios registros, comenzará a perder dinero aproximadamente tres años después de cumplir los 65 años. Si cobra los beneficios más bajos en base a sus propios registros a los 62 años de edad, le llevará aproximadamente tres años después de cumplidos los 65 compensar el dinero extra que podría haber ganado antes, pero una vez transcurrido dicho plazo estará cobrando $200 extra cada mes.

Si su necesidad de ingresos lo permite y si su esperanza de vida es normal, sería ventajoso para Jane cobrar los beneficios más bajos sobre la base de sus propios registros a los 62 años de edad y los beneficios más altos en calidad de viuda a los 65 años. Por supuesto, si padece penurias económicas o calcule que no estará viva después de los 68 años de edad, le convendría cobrar los beneficios más altos ahora.

53

A los 65 años o más

Si usted tiene 65 o más años de edad en el momento que comience a tener derecho a beneficios, usted recibirá beneficios con cargo a la cuenta que le reporte la cantidad mayor. Consulte el Capítulo 7 donde se incluye una explicación completa sobre el cálculo de las cantidades de beneficios.

EN CALIDAD DE CÓNYUGE Y DE VIUDO(A) A LA VEZ

Sección 304

Si usted es viudo(a) y se ha vuelto a casar, podrá ser elegible ya sea como viudo o cónyuge. Generalmente, los viudos(as) que se vuelven a casar no pueden cobrar beneficios como viudos en base a los registros de sus cónyuges fallecidos, a menos que cuando vuelvan a casarse tengan 60 o más años de edad (50 años de edad para viudos(as) discapacitados, véase la Sección 904). Si usted se vuelve a casar después de cumplir los 60 años y su cónyuge es elegible para recibir beneficios de jubilación o incapacidad, usted puede recibir beneficios con cargo a cualquiera de las cuentas que le dé el beneficio más alto. Generalmente la reducción por edad es de solamente la mitad de la cantidad de seguro primario del cónyuge. (véase la Sección 702.1.)

No obstante, en los casos en los que los beneficios como viudo(a) sean menores que los que pueda recibir como cónyuge, usted recibirá los beneficios más altos (en calidad de cónyuge). Su derecho a cobrar beneficios en calidad de viudo(a) terminará cuando tenga derecho a recibir beneficios como cónyuge, si usted estuviera recibiendo este tipo de beneficios antes de volverse a casar o antes de que su cónyuge fuera elegible.

Desde enero de 1984, las personas viudas que se vuelvan a casar después de los 60 años de edad (cincuenta años para las personas viudas incapacitadas) podrán seguir siendo elegibles para recibir beneficios como viudos(as), de la misma manera que las personas viudas no divorciadas.

EN CALIDAD DE CÓNYUGE Y DE EX CÓNYUGE
Sección 305

Si usted se ha divorciado de una persona que reciba beneficios de jubilación o incapacidad usted no puede cobrar beneficios como ex cónyuge si se ha vuelto a casar. En estos casos usted solamente puede recibir beneficios como cónyuge de su actual esposo o esposa si éste(a) es elegible para cobrar beneficios de jubilación o discapacidad. Usted deberá estar casado con su nuevo cónyuge por lo menos durante un año antes de que pueda ser elegible, a menos que usted cumpla los requisitos para ser considerado entre las excepciones indicadas en la Sección 207.6.

COMO VIUDO(A) DE DOS O MÁS TRABAJADORES
Sección 306

Si usted es viudo(a) de dos o más trabajadores, usted puede recibir beneficios con cargo a la cuenta que le dé la mayor cantidad de beneficio. No se puede cobrar beneficios reducidos en calidad de viudo(a) siendo menor de 65 años de edad y después hacer el cambio y cobrar beneficios completos en calidad de viudo(a) al cumplir los 65 años. Una vez que usted ha elegido con cargo a cuáles cuentas solicitará beneficios no podrá efectuar un cambio de cuenta y comenzar a cobrar más adelante sobre la base de los registros del nuevo cónyuge.

BENEFICIOS DE JUBILACIÓN Y BENEFICIOS DE INCAPACIDAD

Sección 307

Cuando a una persona de 62 a 64 años de edad tiene el derecho a cobrar beneficios de jubilación y es elegible también para cobrar beneficios por incapacidad, tiene la opción de recibir uno u otro tipo de beneficio. Si usted tiene 65 años o más solamente puede cobrar los beneficios de retiro. Dichos beneficios son iguales a los beneficios por incapacidad, pero si usted tiene menos de 65 años los beneficios de jubilación se reducen en proporción a su edad. (véase la Sección 703.1.)

Los beneficios por incapacidad no se reducen debido a la edad, motivo por el cual suele ser conveniente cobrarlos en vez de otro tipo de beneficios. Sin embargo, si usted tiene dos o más dependientes elegibles, los beneficios de jubilación le resultarían más ventajosos porque el tope familiar máximo para los beneficios jubilatorios puede ser más alto que el tope familiar máximo por incapacidad. (véase la Sección 703.2.)

Hay un período de espera durante el cual no se le pueden pagar beneficios por incapacidad. Este período abarca los primeros cinco meses completos de incapacidad total. (véase la Sección 507.) Si usted tiene 62 años de edad o más durante uno o más de los meses del período de espera previo a los beneficios por incapacidad, usted puede recibir beneficios de jubilación reducidos durante ese tiempo. Los beneficios de jubilación se reducirán de la manera normal según su edad. (véase la Sección 703.1.)

Cuando termina el período de espera para los beneficios por incapacidad, usted podrá efectuar un cambio y comenzar a cobrar beneficios por incapacidad. Los beneficios por incapacidad se reducirán permanentemente, pero solamente según el número de meses en los cuales usted haya recibido beneficios de jubilación antes de comenzar a cobrar beneficios por incapacidad, no en base a la reducción que se utiliza para calcular los beneficios de jubilación reducidos.

Si usted muere durante el período de espera, los beneficios para el cónyuge viudo(a) se reducirán permanentemente en base a la reducción por edad que correspondería a sus beneficios de jubilación.

Ejemplo: John Doe queda totalmente incapacitado a partir del mes en que cumple 62 años de edad. Durante los primeros cinco meses no pueden pagarse beneficios por incapacidad, de manera que John comienza a cobrar beneficios de jubilación a partir de los 62 años. Sus beneficios de jubilación quedaron reducidos en 36 meses porque le faltan 36 meses para cumplir 65 años de edad.

Cuando concluye el período de espera para cobrar beneficios por incapacidad, John comienza a cobrar beneficios por incapacidad. Dado que recibió beneficios de jubilación durante sólo cinco meses antes de tener derecho a cobrar beneficios por incapacidad, sus beneficios por incapacidad se reducen solamente en cinco meses.

HIJOS CON DERECHO A BENEFICIOS CON CARGO A MÁS DE UNA CUENTA

Sección 308

Un hijo menor de 18 años o incapacitado antes de cumplir 22 años de edad (véase las Secciones 205.1-205.4) podrá tener derecho con cargo a la cuenta de uno o más de sus padres, padrastros o abuelos. En este caso se le pagarán beneficios con cargo a la cuenta que le reporte los beneficios más altos.

Como se indica en la Sección 703.2, cuando dos o más dependientes tienen derechos sobre una cuenta, el tope familiar máximo puede limitar la cantidad total de beneficios que puedan pagarse, de manera que los beneficios de cada dependiente puedan sufrir una reducción en el monto que le sea pagadero.

Sin embargo, cuando un hijo tiene derecho a cobrar beneficios con cargo a más de una cuenta, y hay otros hijos que tengan derecho a recibir beneficios sobre la base de uno o más de estas cuentas, el tope familiar máximo para cada cuenta puede combinarse de manera que pueda evitarse la reducción de beneficios que en otras circunstancias se aplicaría, y que cada hijo pueda recibir la cantidad completa que le corresponde.

OTRAS COMBINACIONES DE BENEFICIOS
Sección 309

Cuando un beneficiario tiene derecho a una combinación de diferentes beneficios que no fueran los que se han mencionado en las secciones anteriores, la regla básica establece que dicho beneficiario recibirá los beneficios que le reporten un ingreso mensual mayor. Si el beneficiario ha trabajado el tiempo suficiente bajo el Seguro Social como para tener derecho a beneficios en base a sus propios registros, se le pagarán beneficios en dicho concepto, aunque sean más bajos que otros posibles beneficios. Sin embargo, se le añadirá la diferencia respecto a otras cuentas.

SOLICITUDES

INFORMACIÓN GENERAL

Sección 401

NOTA: *La edad de jubilación completa, edad a la cual se puede recibir beneficios completos de jubilación o en calidad de cónyuge o viudo(a), ha comenzado a aumentar gradualmente a partir de los nacidos a partir de 1938 inclusive (1940 para las viudas). (Consulte la Sección 703, "Reducciones", del Capítulo 7, donde se incluye una explicación completa al respecto.)*

Cuando hablamos de beneficios completos a los 65 años de edad en este capítulo, nos referimos a la edad de jubilación completa, la cual varía dependiendo del año de nacimiento. Los cuadros de la Sección 703 indican la edad de jubilación completa sobre la base del año de nacimiento.

A fin de ser elegible para recibir beneficios mensuales del Seguro Social o Medicare, debe presentarse una solicitud ante la Administración de Seguro Social (SSA).

La mayor parte de las oficinas de la SSA tienen como norma no enviar formularios de solicitud en blanco, aunque algunas veces le podrán enviar un formulario en blanco a un abogado. Esto no significa necesariamente que sea necesario presentarse personalmente en la Oficina de Distrito para efectuar una solicitud.

A efectos de presentar reclamaciones puede recurrirse al teléfono. (véase la Sección 103.) Para utilizar este servicio tendrá que proporcionarles todos sus datos telefónicamente a un funcionario del Seguro Social, quien llenará la solicitud y se la remitirá para que usted la examine y la firme.

La fecha en que se presenta una solicitud puede ser muy importante. Puede afectar la cantidad que used pueda recibir en concepto de beneficios atrasados. Usted puede proteger su fecha de solicitud sin tener que presentar una solicitud en sí, presentando una constancia de haber presentado una reclamación, "protective filing statement." (véase la Sección 402.)

En algunas ocasiones le dicen a una persona que no puede presentar una solicitud porque no cumple ciertos requisitos. Tal afirmación no es cierta, siempre se puede presentar una solicitud. Si usted no reúne los requisitos, la solicitud podrá ser denegada, pero eso no significa que usted no pueda presentarla. Si se plantean dudas, deberá presentar la solicitud a fin de obtener una decisión formal.

LA CONSTANCIA DE HABER PRESENTADO UNA RECLAMACIÓN

Sección 402

Cualquier declaración por escrito presentada ante la SSA en la cual se indique la intención de solicitar beneficios puede proteger la fecha de solicitud de un solicitante que más adelante presente la solicitud formal. En ciertos casos, esto podría ser muy importante evitar la pérdida de beneficios que le correspondería cobrar.

Como se explica más adelante, en la Sección 406.1, en determinados casos es posible que una solicitud para obtener beneficios de jubilación no sea retroactiva. Tal cosa no significa que usted no pueda recibir beneficios por cualquier mes antes del mes en el que presenta la solicitud, incluso si usted fuera elegible. Si se presenta una constancia de haber presentado una declaración, ésta protegería la fecha de presentación de una solicitud en una fecha posterior a fin de hacer posible el pago de beneficios atrasados.

Ejemplo: John Smith cumple 62 años de edad en enero pero todavía está trabajando. En enero presenta una constancia de haber efectuado una solicitud ante la Oficina de Distrito local. En marzo queda cesante (sin trabajo) y sus ingresos serán inferiores al límite de ingresos anuales (véase la Sección 802.1), de manera que a partir de enero se le pueden pagar beneficios.

Si en abril acude a la Oficina de Distrito local y presenta una solicitud para obtener beneficios de jubilación, puede recibir beneficios atrasados a partir de enero, el primer mes en el que tiene 62 años de edad, porque en enero ha presentado una constancia de haber efectuado una solicitud.

Consideremos un caso casi igual, excepto en que John Smith *no presenta* una constancia de haber efectuado una solicitud en la Oficina de Distrito local en enero. En abril visita la oficina del Seguro Social y presenta una solicitud de beneficios. Puede recibir beneficios solamente a partir de abril. John perderá los beneficios correspondientes a los meses de enero, febrero y marzo.

A efectos de que pueda considerarse una constancia de haber presentado una solicitud, se deberá efectuar una declaración por escrito en la que se indique la intención de reclamar beneficios, y deberá estar firmada por el reclamante, el cónyuge del reclamante o una persona calificada para firmar una solicitud. (véase la Sección 403.) La constancia de haber presentado una solicitud deberá presentarse ante el Seguro Social y protegerá sus beneficios a partir del mes en el cual fue presentada la constancia.

La Administración de Seguro Social considera que la constancia de haber presentado una solicitud está presentada en el momento en que la reciben en sus oficinas o en la fecha en que fue enviada a través del Correo de EE.UU. En ese caso, la fecha del matasellos se considerará que es la fecha de presentación si resulta ser anterior a la fecha en que la constancia llegue a las oficinas del Seguro Social. Desde luego, es buena idea enviar una constancia de haber presentado una solicitud por correo certificado o registrado y con aviso de recibo, a fin de tener constancia de la fecha de envío.

La SSA también aceptará como constancia de haber presentado una solicitud la fecha en que se presente en un hospital que participe en Medicare y en el cual usted sea paciente en la fecha de presentación de la constancia, siempre que el hospital remita dicha constancia a la SSA.

Después de haber recibido la constancia de haber presentado una solicitud, la SSA remitirá un aviso al reclamante indicándole que deberá presentar una solicitud dentro de un plazo de seis meses. La constancia de haber presentado una solicitud será válida durante ese período de seis meses. Sin embargo, dicho período de seis meses no comienza hasta que el Seguro Social envía la notificación. De no hacerlo así, la constancia de haber presentado una solicitud puede ser válida eternamente.

Si usted es elegible para recibir beneficios y usted visita la oficina para obtener información sobre estos beneficios deberá presentar una constancia de haber presentado una solicitud aunque no tenga intenciones de solicitar beneficios inmediatamente. Si resulta que después de varios meses se comprueba que usted podría haber sido elegible cuando visitó la oficina del Seguro Social, la constancia de haber presentado una solicitud haría posible que le pudieran pagar beneficios adicionales.

Cuando se presenta una constancia de haber presentado una solicitud, es buena idea quedarse con una copia. Si usted visita la Oficina de Distrito y el representante de reclamaciones prepara una declaración por escrito para que usted la firme y deje constancia de haber presentado una solicitud, pida al representante de reclamaciones una copia y también pídale que le ponga un sello con la fecha a la copia con la cual usted se quede, de manera que pueda demostrar que se presentó en tal fecha.

En las Oficinas de Distrito locales las constancias de haber presentado solicitudes suelen perderse. Siempre y cuando usted guarde su copia con el sello de la fecha no tiene por qué preocuparse. De la misma manera, al enviar por correo una constancia de haber presentado una solicitud, tendrá que enviarlo por correo certificado o registrado (para poder demostrar la fecha de envío) y, también, deberá guardarse una copia de la constancia.

No existe un formato establecido para la constancia de haber presentado una solicitud, pero el texto deberá ser similar a éste: "Por la presente deseo solicitar beneficios del Seguro Social". La constancia deberá ser firmada por el reclamante, el cónyuge del reclamante o una persona calificada para presentar una solicitud. (véase la Sección 403.)

Quiénes pueden presentar una solicitud

Sección 403

La persona que reclama beneficios debe firmar una solicitud si tiene 18 años de edad o más, es mentalmente competente y físicamente capaz de firmar. La solicitud de beneficios para los hijos puede ser firmada por uno de los padres o una persona que ejerza las funciones de padre o madre. Un hijo de 16 a 18 años de edad puede firmar su propia solicitud si es mentalmente competente, no cuenta con un representante nombrado por un tribunal de justicia y no está a cargo de ninguna persona.

Si el reclamante es menor de edad o mentalmente incompetente o físicamente incapaz de firmar, podrá firmar su solicitud un representante nombrado por un tribunal de justicia o una persona a cargo del reclamante, incluido un familiar.

Si una institución está a cargo del reclamante, el gerente de tal institución podrá firmar la solicitud. La SSA está autorizada a aceptar, si es necesario, una solicitud presentada por una persona que no sea el reclamante, a fin de evitar que el reclamante pierda parte de sus beneficios.

Ejemplo: El Sr. Jones queda postrado en la cama a finales del mes debido a un problema médico serio. Le pide a un vecino, el Sr. Smith, que vaya a la oficina del Seguro Social y presente una solicitud por él antes de fin de mes, de manera que pueda recibir los beneficios correspondientes a dicho mes.

La SSA puede aceptar una solicitud firmada por el Sr. Smith. No obstante, sería buena idea que el Sr. Jones firmara una declaración escrita en la que diga:

"Deseo reclamar beneficios del Seguro Social" y le dé esa declaración al Sr. Smith para que él la lleve a la oficina del Seguro Social.

No habrá duda de que esa declaración es una constancia de haber presentado una solicitud y de tal manera estaría protegiendo su derecho a cobrar beneficios durante ese mes. (véase la Sección 402.)

CUÁNDO PRESENTAR UNA SOLICITUD
Sección 404

❏ Sección 404.1 Información general

Una solicitud puede presentarse antes del primer mes desde el comienzo del derecho a cobrar beneficios. Será válida hasta que se tome una decisión al respecto, pero no se pagarán beneficios hasta el primer mes real en que el reclamante sea elegible.

Como se indica en las Secciones de la 406.1 a la 407, existen varias normas sobre retroactividad para distintos tipos de solicitudes. Si se presenta una solicitud después del primer mes en que usted sea elegible para los beneficios, la solicitud podrá o no tener efecto retroactivo en cuanto a otorgarle a usted derecho a cobrar beneficios retroactivos. La solicitud deberá presentarse antes de que caduque su vigencia retroactiva, de manera que usted no pierda beneficios.

Como se explica en la Sección 407, puede que sea importante presentar una solicitud antes del mes en el que usted cumpla 65 años de edad aunque usted no tenga intención de cobrar beneficios mensuales, para no perder parte de la cobertura de Medicare.

☐ Sección 404.2 Cuándo solicitar beneficios de jubilación

La regla básica a la que se recurre con frecuencia es que se debe presentar una solicitud de beneficios de jubilación tres meses antes de la fecha en la que usted piensa retirarse. En términos generales es una buena idea.

Sin embargo, hay situaciones en las que usted podría perder beneficios si sigue esta regla. La prueba de ganancias (véase la Sección 801) y las reglas de retroactividad (véase la Sección 406.1) funcionan conjuntamente de manera tal que usted podría recibir cientos o incluso miles de dólares aunque todavía esté trabajando.

Dependiendo de la cantidad de sus ingresos anuales, y según la cantidad de sus beneficios, es posible recibir algunos beneficios aunque aun no se haya jubilado. Debe presentarse una solicitud (o constancia de haber presentado una solicitud, véase la Sección 402) en el momento adecuado, de lo contrario usted perdería estos beneficios.

Ejemplo: John Smith cumplirá 65 años de edad en diciembre de 2001; trabajará durante todo el año 2001 y sus ganancias (ingresos) anuales alcanzarán un total de $40.000. En septiembre de 2001 John va a la oficina del Seguro Social y presenta una solicitud para obtener cobertura de Medicare. Le informan que sus beneficios completos al cumplir 65 años de edad serán de $1000.

Los beneficios que se calculan para enero de 2001 (una reducción de 11 meses debido a la edad, véase la Sección 703.1) serán de $938. Sobre la base de sus ingresos anuales, se le tendrá que descontar la suma de $9493 de todos los beneficios que se le tengan que pagar en el año 2001. (véase la Sección 802.2.) Si el mes en que adquiere derecho a cobrar beneficios comienza en enero de 2001 se le tendría que pagar la suma de $11.256 ($938 x 12) en 2001. Sin embargo, la suma de $9493 tendrá que serle descontada sobre la base de sus ganancias anuales, tras lo cual le corresponde cobrar $1763 en 2001.

No obstante, como John no presentó su solicitud hasta septiembre, su retroactividad sólo abarcaría seis meses, hasta marzo de 2001. (véase la Sección 406.1.) Se le podrán pagar únicamente beneficios por los meses que van de marzo a diciembre. El total de beneficios que corresponde a dichos meses (10 x $950 = $9500) supera en sólo $7 la cantidad que debe descontarse en base a sus ingresos anuales.

Si John hubiera presentado la solicitud en julio o antes de julio de 2001, sería elegible para cobrar $1763 en 2001. Aunque los beneficios se reducen, debido a la edad, de enero a noviembre, a partir del mes en el que cumple 65 años dicha cantidad se reajusta (véase la Sección 704.4) y desde ese momento comenzará a cobrar beneficios completos.

Otra situación en la cual se podrían perder beneficios aunque usted presente una solicitud tres meses antes de jubilarse, es la que se produce si sus ingresos anuales son menores que las limitaciones para las ganancias anuales. (véase la Sección 801.)

Ejemplo: Supongamos que en mayo de Jane Smith cumple 65 años de edad y que planee jubilarse en dicha fecha. Sus ganancias anuales serán de menos de $11.520, el límite anual para aquellas personas que cumplen los 65 años en 2001.

En febrero, tres meses antes de cumplir los 65 años, Jane visita la oficina del Seguro Social de su localidad y presenta una solicitud de beneficios de jubilación. Tendrá derecho a cobrar beneficios mensuales a partir del mes de febrero, el mes en que presentó su solicitud.

Dado que sus ingresos anuales serán menores que la limitación anual para las ganancias anuales, Jane es potencialmente elegible para recibir beneficios todos los meses de 2001. Sin embargo, dado que la paga de beneficios correspondiente al mes de enero sería afectada por una reducción permanente debido a su edad, su solicitud no puede ser retroactiva. (véase la Sección 406.1.)

Si hubiera presentado su solicitud en enero, habría tenido la posibilidad de recibir beneficios en ese mes. Aunque de esa manera le hubieran reducido la cantidad que cobra debido a su edad, dicha reducción sería de sólo unos pocos dólares mensuales, pero a la vez habría recibido cientos de dólares al cobrar sus beneficios en enero.

Es imposible determinar con toda exactitud si le conviene o no presentar una solicitud de beneficios antes del período usual de tres meses, sin saber a cuánto asciende exactamente la cantidad de beneficio y la cantidad exacta de sus ganancias anuales. No obstante, si usted va a ganar menos del límite de ganancias anuales en cualquier año en el cual tenga 62 años de edad como mínimo, deberá presentar una constancia de haber presentado una solicitud (véase la Sección 402) durante el mes de enero de ese año.

Al mismo tiempo, usted puede solicitar un cálculo estimado de los beneficios (véase la Sección 1002) y poder así tomar una decisión fundamentada respecto al momento en el cual usted deberá comenzar a cobrar sus beneficios de jubilación. (véase la Sección 408.)

Si usted va a trabajar durante el año en que cumpla 65 años de edad y va a ganar una cantidad de dinero mayor del límite de ingresos aplicable para ese año, sería buena idea presentar una constancia de haber presentado una solicitud en enero. Este trámite usted lo debería efectuar a más tardar en julio de dicho año, y al mismo tiempo deberá obtener un cálculo estimado de sus beneficios.

De esta manera, si resulta que usted puede recibir beneficios al optar por enero como mes de elección (véase la Sección 408), usted estará protegido. En 2001, si usted cumple 65 años de edad y obtiene el máximo beneficio, puede ganar más de $55.000 y aun recibir algunos beneficios para dicho año. Si su cónyuge también es elegible sobre la base de sus propios registros, se le podrán pagar algunos beneficios, aunque usted gane más de $75.000.

Por supuesto, todo depende de la cantidad exacta de sus beneficios y de la cantidad exacta de sus ingresos anuales. De todos modos, para maximizar los beneficios que deben pagarse en un año durante el cual esté trabajando, deberá optar por enero como su mes de elección. No podrá hacerlo así si no presenta una constancia de haber presentado una solicitud antes de fin de julio. Una solicitud de beneficios de jubilación no da derecho a más de seis meses de retroactividad. (véase la Sección 406.1.)

Si usted tiene un mes "sin servicio" (véase la Sección 804) en cualquier momento antes de cumplir 62 años de edad, deberá presentar una constancia de haber presentado una solicitud no más tarde del primer día de dicho mes. Es un mes en el cual su salario está por debajo del límite mensual y usted no brinda servicios sustanciales trabajando por cuenta propia.

A pesar de sus ganancias anuales usted puede ser elegible para recibir beneficios por dicho mes. En algunos casos no le convendría recibir este tipo de beneficios (véase la Sección 408), pero si usted presenta una constancia de haber presentado una solicitud se reservará la opción de recibirlos o no.

❏ Sección 404.3 Cuándo solicitar Medicare

Medicare tiene dos partes: el Seguro de Hospital y el Seguro Médico. (véanse las Secciones 902 y 903.) Una solicitud de Seguro de Hospital puede ser retroactiva hasta por seis meses.

Sin embargo, a menos que usted vaya a estar cubierto por el plan de seguro colectivo de la empresa en la cual trabaja, deberá presentar una solicitud de Seguro Médico antes del mes en el que cumpla 65 años de edad (véase la Sección 407) a fin de evitar la pérdida de parte de la cobertura de seguro. Por consiguiente, usted deberá presentar una solicitud de Medicare por lo menos un mes antes e cumplir los 65 años, aunque todavía esté trabajando.

Ahora usted tiene la opción de solicitar solamente Medicare, sin tener que solicitar beneficios de jubilación. El Seguro Social prefiere que usted presente la solicitud de beneficios de jubilación aunque esté trabajando y dejar sus beneficios en suspenso. Generalmente da lo mismo que no hacerlo, pero en algunos casos existen diferencias.

Si su cónyuge tiene menos de 65 años de edad y va a ser elegible para cobrar beneficios con cargo a su propia cuenta y a la de usted, a él (o ella) le convendría que usted presente únicamente la solicitud de Medicare si no puede recibir beneficios. Si los beneficios de su cónyuge son de menos de la mitad de los suyos, a dicho cónyuge se le requerirá presentar una solicitud de beneficios en calidad de cónyuge al solicitar sus propios beneficios, si usted "tiene derecho" a cobrar beneficios de jubilación, aunque su solicitud esté en suspenso por encontrarse usted trabajando.

Si su cónyuge tiene menos de 65 años, la cantidad de beneficio se le reducirá según la edad que tenga en ese momento. Si usted se jubila antes de que su cónyuge cumpla los 65 años, la reducción extra por edad que experimentarían los beneficios de su cónyuge seguirá vigente hasta que cumpla 65 años de edad. (véase la Sección 302.)

Si usted trabaja por cuenta propia, podrá excluir parte de sus ingresos del total de ganancias que se considera para aplicar el límite de ganancias anuales, pero usted podrá optar por jubilarse en otro mes. (véase la Sección 408.)

Si en el año en que cumple 65 años de edad tiene un mes "sin servicio" (véase la Sección 804) pero no desea utilizarle porque en un año posterior tendrá más meses sin servicio, tendrá que limitarse a solicitar únicamente el Medicare. (véase la Sección 408.)

El Seguro Social generalmente no sugiere separar el derecho al Medicare del derecho a los beneficios de jubilación. Le corresponde a usted solicitarlo específicamente si le resulta ventajoso.

⬜ Sección 404.4 Cuándo solicitar beneficios en calidad de sobreviviente

Como se indica en el Capítulo 2, determinados viudos y viudas, hijos, padres y madres de los trabajadores fallecidos pueden ser elegibles para cobrar beneficios mensuales. La fecha más temprana que se puede presentar una solicitud es, naturalmente, el mes de la muerte del trabajador cubierto por el seguro.

En el caso de beneficios para los hijos, madres o padres (beneficios que se pagan a viudos(as) que tienen a su cargo hijos menores de 16 años o hijos adultos incapacitados) y beneficios para los padres, no se aplica la reducción por edad. Por lo tanto, una solicitud de este tipo de beneficios puede ser retroactiva durante un máximo de seis meses. (véase la Sección 406.1.)

Las solicitudes de ese tipo de beneficios, generalmente, deben presentarse dentro de los seis meses transcurridos desde la fecha de la muerte. Desde luego, puede presentarse una solicitud en una fecha posterior, siempre que aún se cumplan los requisitos de elegibilidad, pero este tipo de solicitud puede ser retroactiva solamente por un máximo de seis meses y se podría perder el derecho a los beneficios si la solicitud se presentara después de seis meses de producirse la muerte del trabajador. Algunas veces, sin embargo, le podría ser conveniente que el derecho a cobrar estos beneficios comience en una fecha posterior. (véase la Sección 408.)

En el caso de un viudo o una viuda incapacitado(a) con edades comprendidas entre los 50 y los 59 años, la solicitud puede ser retroactiva durante un período máximo de 12 meses. (véase la Sección 406.1.) Si usted quedó incapacitado después de la muerte de su cónyuge, a fin de evitar la pérdida de beneficios, deberá presentar una solicitud a más tardar 17 meses después del comienzo de su incapacidad. Esta disposición se debe a que antes de que se paguen los beneficios hay que cumplir un período de espera de cinco días. (véase la Sección 507.)

Si usted queda discapacitado antes de que muera su cónyuge, a efectos de evitar la pérdida de cualquier posible beneficio mensual, deberá presentar una solicitud dentro de los 12 meses siguientes al mes de la muerte. De tal manera, el período de espera durante el cual no se pagan beneficios puede utilizarse durante los meses anteriores a la muerte de su cónyuge.

En el caso de beneficios para viudos(as) de 60 o más años de edad, una solicitud no puede ser retroactiva si tuviera como consecuencia la reducción por edad de una paga correspondiente a un mes completo. (véase la Sección 406.1.)

Esto significa que si usted presenta una solicitud de beneficios para viudo(a) antes de cumplir los 65 años de edad, no podrá cobrar beneficios completos correspondientes a ninguno de los meses anteriores al mes en que presenta la solicitud. (La única excepción a esta regla es la de la viuda que solicita beneficios el mes posterior al de la muerte de su cónyuge. Su solicitud podrá tener un mes de retroactividad y ser válida con relación al mes de la muerte del cónyuge.)

Dependiendo de la cantidad de sus ganancias y la cantidad de beneficio, algunos beneficios pueden pagarse aunque usted todavía esté trabajando. (véase la Sección 408.) Por lo tanto, es buena idea presentar, por lo menos, una constancia de haber presentado una solicitud (véase la Sección 402) en el primer mes en el cual usted puede ser elegible para recibir beneficios como viudo(a), y luego obtener cálculos estimados de beneficios (véase la Sección 1002) a fin de determinar si debe o no debe presentar una solicitud.

Los mismos principios indicados en la Sección 408 se aplican también a la reclamación que plantee una persona viuda. En ciertos casos usted puede perder beneficios si espera a presentar la solicitud tres meses antes de la fecha en que planea retirarse.

Si ha trabajado por su cuenta y puede ser elegible para cobrar beneficios de jubilación además de los beneficios en calidad de viudo(a), usted tiene la opción de decidir cuál de estos beneficios prefiere recibir. (véase la Sección 303.)

Si usted es viudo(a) pero a la vez tenía derecho a cobrar beneficios como cónyuge antes de que muriera su cónyuge, es posible que no tenga que presentar una solicitud. (véase la Sección 405.)

☐ Sección 404.5 Cuándo solicitar beneficios para los cónyuges y para los hijos

En general, usted debe presentar una solicitud para estos tipos de beneficios al mismo tiempo que el trabajador presenta su solicitud. Los beneficios para los hijos (véanse la Secciones 205.1-205.4) y los beneficios para los cónyuges jóvenes (véase la Sección 204.2) no se reducen por la edad, de manera que presentar una solicitud en fecha temprana suele ser ventajoso. Estas solicitudes pueden ser retroactivas hasta por seis meses si el trabajador se ha jubilado. Las solicitudes que se presenten después de estos períodos pueden dar lugar a una pérdida de beneficios.

Como se indica en la Sección 405, un trabajador deberá presentar una constancia de haber presentado una solicitud (véase la Sección 402) en enero del año en el que cumpla 65 años de edad, aunque todavía esté trabajando. Si el cónyuge puede ser elegible en base a su registro, él (o ella) también deberá presentar dicha constancia.

Si una persona que puede ser elegible como cónyuge presenta una solicitud por su propia cuenta, se le requerirá que presente también una solicitud como cónyuge, aunque no se le puedan pagar beneficios en calidad de cónyuge debido a la cantidad de las ganancias del cónyuge. (véase la Sección 302.)

❏ Sección 404.6 Cuándo solicitar beneficios por incapacidad

Se puede presentar una solicitud de beneficios por incapacidad en cualquier momento después de que el trabajador deja de desempeñar un trabajo sustancial lucrativo. (véase la Sección 504.) Fundamentalmente, esto significa que usted no puede solicitar beneficios por discapacidad hasta que no deje de trabajar. Existe un período de espera de cinco meses antes de que se pueda efectuar pago alguno en concepto de beneficios por incapacidad. (véase la Sección 507.) Usted puede presentar su solicitud antes de que termine el período de espera, aunque no se le pagarán beneficios hasta ese momento.

NOTA: *Para que un período de incapacidad reúna los requisitos del Seguro Social, debe esperarse que dure no menos de 12 meses. (véase la Sección 502.)*

Como se indica en la Sección 406.2, una solicitud de beneficios por discapacidad pude ser retroactiva por un máximo de 12 meses. A fin de evitar la pérdida de beneficios mensuales, una solicitud de beneficios por incapacidad deberá presentarse no después de que transcurran 17 meses desde el comienzo de la incapacidad.

Los primeros cinco meses de la incapacidad constituyen el período de espera. Dado que la solicitud de beneficios por incapacidad puede ser retroactiva por 12 meses, usted no perderá beneficio alguno si la solicitud de beneficios por incapacidad se presenta dentro de los 17 meses posteriores al comienzo de la incapacidad.

Si su incapacidad ya ha terminado, aún puede solicitar beneficios por incapacidad siempre que la solicitud se presente dentro de los 12 meses posteriores al final de su incapacidad. (véase la Sección 508.)

Sin embargo, si usted deja de presentar una solicitud de beneficios por incapacidad porque sus problemas físicos limitaban sus actividades hasta tal extremo que le era imposible completar y firmar una solicitud, o por haber sido mentalmente incompetente, podrá presentar una solicitud de beneficios por incapacidad dentro de los 36 meses a partir del final del período de incapacidad y aun así recibir algunos beneficios.

CUÁNDO NO SE REQUIERE PRESENTAR UNA SOLICITUD

Sección 405

En ciertos casos en los cuales usted ya tiene derecho a un tipo de beneficios y adquiere el derecho a un tipo de beneficios diferente, se efectuará el cambio de sus registros de un tipo de beneficios al otro sin tener que presentar una solicitud. A este proceso se le llama conversión automática, y se efectúa en tres casos fundamentales, a saber:

- El primer caso ocurre cuando usted tiene derecho a recibir beneficios como esposa y su esposo muere. Si la fundamentación de su derecho a recibir beneficios en calidad de esposa se debe a que usted tiene un hijo a su cargo (véase la Sección 207.8) usted no tiene que presentar una solicitud de beneficios en calidad de madre. Los beneficios para las madres se pagan a las viudas que tienen hijos a su cargo.

Si usted tiene derecho a beneficios como esposa sobre la base de su edad, si en el momento de la muerte de su esposo usted tiene 65 años de edad o más, se le transferirá automáticamente su expediente y pasará a cobrar beneficios en calidad de viuda con cargo a su propia cuenta. Esto se debe a que una viuda tiene la opción de recibir beneficios en base a sus propios registros o los de su esposo. (véase la Sección 303.)

- El segundo caso en el cual sus beneficios se convierten automáticamente en un nuevo tipo de beneficios se produce cuando usted recibe beneficios de seguro de incapacidad y cumple 65 años de edad. No es necesario presentar una nueva solicitud para obtener beneficios de jubilación.

  La cantidad de beneficio no experimentará cambios. Sencillamente, se trasladará de los registros de incapacidad a los registros de jubilación. La cantidad de los beneficios de jubilación será la misma que la de los beneficios de seguro de incapacidad.

- El tercer caso en que se efectúa una conversión automática ocurre cuando un hijo tiene derecho a cobrar beneficios como dependiente y el trabajador muere. En ese momento, el hijo pasará automáticamente a cobrar beneficios en calidad de hijo y la cantidad de beneficio aumentará de manera acorde.

NORMAS SOBRE LA RETROACTIVIDAD
Sección 406

☐ **Sección 406 Retroactividad, jubilación y sobrevivientes**

Las solicitudes de estos beneficios (incluidos los que se aplican a los dependientes) pueden ser retroactivas por un máximo de seis meses, y en algunos casos dicha retroactividad es menor y en otros no existe retroactividad. *Retroactividad* significa que usted puede tener derecho a beneficios durante los meses anteriores al mes en el que usted presenta la solicitud. Si usted presenta una constancia de haber presentado una solicitud (véase la Sección 402), su solicitud formal se considera presentada en el mes en el cual hubiera sido presentada la constancia de haber presentado una solicitud (si dicha constancia fue presentada en un mes anterior al mes en que se presentó la solicitud).

Es posible que a las solicitudes de beneficios de jubilación y para sobrevivientes no se les otorgue seis meses de retroactividad completos, si los beneficios pagaderos antes del mes de presentar la solicitud han sido reducidos por edad. (véase la Sección 703.1.) Si no han sido reducidos por la edad, ya sea porque usted tiene más de 65 años o porque no están sujetos a la reducción por edad, la solicitud tiene seis meses de retroactividad.

Los beneficios que se reducen en proporción a la edad son los de jubilación (Sección 202), cónyuge anciano (Sección 204.1) y viudo(a) anciano(a) (Sección 204.4), cuando se pagan antes de la edad de jubilación completa (Sección 703).

Los beneficios que no se reducen en proporción a la edad son los de esposa joven (Sección 204.2), madre (Sección 204.5), hijos (Secciones 205.1-205.4) y padres (Sección 206).

Las solicitudes de beneficios para viudos(as) incapacitado(as) (véase la Sección 204.6) pueden ser retroactivos durante un máximo de 12 meses, el mismo plazo que se aplica a las solicitudes de beneficios por incapacidad regulares (Sección 406.2).

Ejemplo: Harry cumple 65 años de edad en enero; su esposa, Wanda, tiene 63 años de edad. Ambos presentan sus respectivas solicitudes en el mes de julio después de que Harry cumple 65 años. Ni Harry ni Wanda tienen ganancias por encima de los límites aplicables. (véase la Sección 801.)

Los beneficios de Harry pueden comenzar en enero porque dicho mes no es anterior en más de seis meses respecto al mes en que se presenta la solicitud. Los beneficios retroactivos no se reducen por edad porque Harry tiene 65 años.

Los beneficios de Wanda no pueden comenzar antes de julio, el mes de presentación de su solicitud, porque Wanda tiene 63 años y los beneficios retroactivos están sujetos a reducción por edad. (véase la Sección 703.1.)

NOTA: *Si Wanda hubiera presentado una constancia de haber presentado una solicitud (véase la Sección 402) en enero, sus beneficios podrían comenzar también en enero, aunque su solicitud no hubiera sido presentada hasta julio.*

Esposas y viudas

Los beneficios para esposas están sujetos a descuentos en base a las ganancias del trabajador. (véase la Sección 803.) Aun así, una solicitud de beneficios como esposa no puede ser retroactiva si la persona solicitante tiene menos de 65 años, aunque la solicitud de su marido pueda ser retroactiva. Por supuesto, si la esposa tiene derecho a cobrar beneficios como esposa por tener un hijo a su cargo (véase la Sección 204.2), su solicitud puede ser totalmente retroactiva (por seis meses) porque este tipo de beneficios para las esposas no está sujeto a reducción por edad.

Los beneficios para viudas ancianas (véase la Sección 204.4) se reducen por edad si se cobran antes de los 65 años de edad. (véase la Sección 703.1.) Por consiguiente, las solicitudes no podrán ser retroactivas si los beneficios experimentan reducciones durante los meses pasados.

Una excepción es el caso de la viuda que presenta una solicitud en el mes posterior al mes de la muerte del trabajador. La solicitud podrá ser retroactiva durante solamente un mes. La solicitud podrá ser retroactiva si se presenta en el segundo mes o en un mes posterior al mes de la muerte del trabajador.

Desde luego, si las ganancias de la viuda requieren ser ajustadas contra los beneficios, la solicitud podrá ser retroactiva de la misma manera que las solicitudes de beneficios de jubilación.

❏ Section 406.2 Retroactividad e incapacidad

Una solicitud de beneficios de seguro de incapacidad o de viuda discapacitada puede ser retroactiva por un máximo de

12 meses. Esto significa que si, por otros motivos, usted fuera elegible para recibir beneficios por incapacidad dentro de los 12 meses anteriores al mes en el cual usted presenta su solicitud, tales beneficios se le pueden pagar. Es posible que no le paguen los meses anteriores al período de 12 meses anterior al mes en el cual usted presenta su solicitud.

Existe una excepción a la regla de la retroactividad durante 12 meses al solicitar un *período de incapacidad.* Si usted fuera mentalmente incompetente o su condición física limitara sus actividades hasta el extremo de impedirle completar y firmar una solicitud, usted podrá solicitar un período de incapacidad dentro de los 36 meses siguientes al final de su incapacidad. Aunque no se pueden pagar beneficios retroactivamente por más de 12 meses, si se establece un período de discapacidad, se puede también "congelar" (véase la Sección 503) en sus registros de ganancias.

NORMAS PARA LA INSCRIPCIÓN EN MEDICARE
Sección 407

A efectos de ser elegible para obtener cobertura a través de Medicare usted deberá tener 65 años de edad o estar incapacitado y recibiendo beneficios de Seguro Social (incluidos los beneficios para viudas incapacitadas e hijos adultos incapacitados) durante 24 meses. Esto se añade al período de espera de cinco meses completo.

En otras palabras, en el momento en que usted recibe su cheque de beneficios por incapacidad número 25, será elegible para obtener cobertura a través de Medicare. La cobertura a través de Medicare también se ofrece a aquellas personas en tratamiento de díalisis del riñón. (véase el Capítulo 9.)

Como se indica en el Capítulo 9, Medicare tiene dos partes: Seguro de Hospital y Seguro Médico. Anteriormente se las conocía como Parte A (Seguro de Hospital) y Parte B (Seguro Médico). Oficialmente, el Seguro Social ya no utiliza estas dos letras para designar las distintas partes de Medicare porque pueden ocasionar confusión con los códigos de identificación de los beneficiarios.

Usted puede solicitar el Seguro de Hospital en cualquier momento a partir de la fecha en que usted fuese elegible. Una solicitud de esta parte del Medicare puede ser retroactiva durante un máximo de seis meses. Si usted está recibiendo beneficios mensuales cuando se convierte en elegible por primera vez, se le inscribirá automáticamente.

En lo que se refiere al Seguro Médico las reglas son muy diferentes. Esta parte de Medicare cubre las cuentas de los médicos.

A fin de estar cubierto cuanto antes, usted deberá solicitar el Seguro de Hospital *antes* de su primer mes de elegibilidad. El Seguro Médico es optativo. Se debe pagar una prima para estar inscrito, aunque tenga derecho a beneficios mensuales regulares.

Si en el momento que comienza su elegibilidad usted está recibiendo beneficios, se le notificará que el Seguro Social automáticamente lo inscribirá en el Seguro Médico y comenzará a descontarle las primas de los cheques de sus beneficios. Si usted no tiene derecho a cobrar beneficios mensuales en el momento en que cumple 65 años, deberá usted mismo solicitar el Seguro Médico.

Si usted solicita el Seguro Médico (también denominado *seguro médico suplementario*) *antes* del mes en el que cumple 65 años de edad, la cobertura comenzará en el primer día del mes en el que cumple 65 años. Si solicita el Seguro Médico *durante* el mes en el que cumple 65 años, la cobertura será vigente a partir del primer día del mes siguiente.

Si usted solicita dicha cobertura *el mes después* al mes en el que cumple 65 años, su cobertura dará comienzo *el tercer mes* después de cumplir 65 años. Presentar una solicitud durante el *segundo mes* después de cumplir 65 años le garantiza gozar de cobertura a partir del *quinto mes* a partir de los 65 años de edad. Presentar su solicitud en el *tercer mes* le proporciona cobertura a partir del *sexto mes* después de cumplir 65 años.

Si usted no solicita el Seguro Médico dentro de los tres meses después del mes en que cumple 65 años, estará limitado en cuanto a la fecha en que podrá solicitarlo y la fecha en que podrá comenzar. El período de tiempo que incluye el día que cumple 65 años, incluido el mes en que cumple 65 años, los cuatro meses antes de cumplir los 65 años y tres meses después de dicha fecha, se conoce como *período de inscripción inicial*.

Si usted no solicita el Seguro Médico durante ese lapso, podrá solicitar dicha cobertura solamente durante el primer trimestre del año calendario de cualquiera de los años sub-siguientes. Este es el *período de inscripción general*, el cual incluye enero, febrero y marzo de cualquiera de los años cal-endarios subsiguientes.

Si uno se pierde el período de inscripción inicial y entonces solicita el Seguro Médico durante uno de los períodos de inscripción general, la cobertura del Seguro Médico no tendrá vigencia hasta el 1 de julio de ese año. Debe añadirse además, que si usted ha pasado 12 o más meses sin cobertura de Seguro Médico desde su primer mes de elegibilidad, aumentará la prima que usted debe pagar por su Seguro Médico.

Si usted no se ha inscrito en la Parte B (Seguro Médico) por estar cubierto por un seguro colectivo de la empresa para la cual trabajara (véase la Sección 904), usted tendrá derecho a un *período de inscripción especial*. Se trata de un período de siete meses que comienza el primer mes en que concluye su seguro colectivo. Durante este lapso usted puede inscribirse en la Parte B.

Si usted se inscribe en el primer mes, su cobertura de la Parte B comienza el primer día de ese mes. Usted deberá inscribirse en ese momento para evitar quedarse sin cobertura durante cierto tiempo.

Si usted se inscribe en uno de los meses posteriores del período de inscripción especial, su cobertura comenzará el primer día del mes *siguiente*.

Si la cobertura de su seguro colectivo termina antes del final de un mes, dicho mes se considerará el primer mes de su período de inscripción especial *siempre que* usted solicite la Parte B durante ese mismo mes. De esta manera, no se quedará sin cobertura durante ningún período de tiempo. De lo contrario, el primer mes será el *próximo* mes (el primer mes entero en el cual usted no tenga cobertura a través del seguro colectivo).

Si usted también tiene derecho a un período de inscripción especial cercano al momento en que cumpla 70 años, porque la empresa para la cual trabaja no esté obligada a proporcionarle cobertura después de los 70 años de edad. Este período de inscripción especial comienza el tercer mes antes del mes en el que usted cumple 70 años y dura siete meses.

Si usted se inscribe durante uno de los primeros tres meses, su cobertura a través de la Parte B comenzará el mes en el que cumpla 70 años. Si se inscribe durante el mes en que cumple 70 años o un mes posterior a dicha fecha, la cobertura comenzará el primer día del mes *después* del mes de su inscripción.

A fin de evitar períodos sin cobertura, deberá inscribirse *antes* del mes en el que cumple 70 años de edad.

NOTA: *El Seguro Social considera que los 70 años se cumplen el día inmediatamente anterior al día que usted cumple 70 años de edad. Esta consideración reviste importancia si su cumpleaños cae el primer día del mes. Si usted pierde la cobertura de su seguro colectivo antes del mes en que cumple 70 años o durante dicho mes, se aplicarán las reglas establecidas en los primeros dos párrafos de esta sección si al seguirlas usted puede obtener cobertura en fecha más temprana.*

Para ser elegible para el período de inscripción especial, usted debe estar cubierto por el Seguro de Hospital (Parte A) *y también* por su seguro colectivo al menos durante un mes. Si usted no cuenta con cobertura de la Parte A, tendrá que solicitarla. La solicitud puede ser retroactiva a un máximo de seis meses. Por tal motivo, si usted no tiene la Parte A, *deberá* presentar la solicitud *antes* del séptimo mes del período de inscripción especial.

Si usted no se inscribe en la Parte B cuando usted es elegible por primera vez (por ejemplo, durante el período de inscripción inicial) sólo tendrá derecho a un período de inscripción especial. Si usted se inscribe en ese momento pero más adelante usted cancela su inscripción, podrá tener acceso a más de un período de inscripción especial únicamente si al cancelar la Parte B tiene cobertura a través de la Parte A y un seguro colectivo. Debe indicarse también, que cada vez que pierda la cobertura de seguro colectivo deberá inscribirse nuevamente en la Parte B durante un período de inscripción especial.

Estas normas se aplican también si usted tiene cobertura de seguro colectivo en base a la empresa donde trabaja su cónyuge, independientemente de la edad del cónyuge.

Aunque usted no tenga intenciones de jubilarse, deberá ponerse en contacto con la oficina local del Seguro Social antes del mes en el que cumpla 65 años de edad de manera que pueda solicitar Medicare sin perder ninguna cobertura ni tener que pagar primas adicionales.

Cuándo comenzar a cobrar sus beneficios—El mes de elección

Sección 408

Como se indica en las Secciones 406.1 y 406.2 de este capítulo, las solicitudes de beneficios mensuales pueden ser retroactivas en ciertas circunstancias. Esto significa que usted puede comenzar a tener el derecho legal a los beneficios en un mes anterior al mes en el que presenta la solicitud. Si solicita un tipo de beneficios que no experimentan reducción por edad, como los beneficios para esposas jóvenes (Sección 204.2) o madres jóvenes (204.5), entonces no significa una desventaja comenzar su derecho legal a cobrar beneficios en la fecha más temprana posible, con algunas excepciones que se explican más adelante. Sin embargo, si usted solicita un tipo de beneficios que puedan ser reducidos por edad y tiene menos de 65 años, es posible que tenga que tomar una decisión en base a las posibles ventajas y desventajas.

Ejemplo: John cumplirá 65 años de edad en septiembre de 2001. Tiene planes para trabajar hasta fines de agosto de 2001 y el total de sus ganancias de dicho año será de $27.000. Se jubilará en septiembre de 2001. En junio visita la Oficina de Distrito local y completa su solicitud.

Le informan que su cantidad de seguro primario asciende a $900. La cantidad de seguro primario representa los beneficios completos que se pagan a los 65 años de edad. Dado que John estará trabajando y ganando dinero hasta concluir el mes de agosto y cumplirá 65 años en septiembre, supone que su derecho a cobrar beneficios debería comenzar en septiembre. No obstante, comenzar a cobrar sus beneficios en septiembre le significaría una desventaja.

El motivo se indica a continuación.

Las ganancias de John en 2001 serán de $27.000. Al aplicar el límite de ganancias (véase la Sección 802.2), encontramos que deben descontarse $5160 de los beneficios correspondientes a los meses en los cuales John ganará más de $960 (en el Capítulo 8 se incluye una explicación completa sobre los límites de ganancias). Esto significa que los beneficios de los meses que van de enero a agosto están sujetos a descuentos.

Si el mes de elección de John fuese enero, su cantidad de seguro primario se reduciría a $859 por mes, considerando que en enero le faltarían ocho meses para cumplir 65 años. Al aplicar el límite de ganancias, calculamos que debe descontarse de los beneficios la suma de $5160. Pero respecto a los meses que van de enero a agosto, el total de beneficios a razón de $859 por mes asciende a $6872. De tal manera quedarían $1712 en beneficios que se le deberían pagar a John por ese período.

Los beneficios mensuales de $859 se descontarán por entero desde enero a junio y se descontará la suma de $6 de los beneficios de julio, siendo $853 la cantidad que debe pagarse en Julio. La cantidad de beneficio de $859 para el mes de agosto debe pagarse de manera que John reciba un total de beneficios de $1712 para julio y agosto (beneficios parciales de $853 para julio y beneficios completos de $859 para agosto).

Si usted tiene menos de 65 años de edad, una solicitud de beneficios de jubilación puede ser retroactiva por un máximo de seis meses si los beneficios pagaderos antes del mes de presentación de la solicitud se calculan contra los excesos de ganancias. (véase la Sección 406.1.) Tal es el caso de John. Los beneficios pagables de enero a junio y parte de los beneficios de julio son pagaderos antes del mes en el que presenta su solicitud.

Por consiguiente, John puede comenzar su derecho legal a recibir beneficios en enero. Al hacerlo así, utilizará la cantidad de los beneficios que debe ser descontada ($5160) mientras todavía está trabajando. De esta manera se le pagarán beneficios para el mes de agosto y beneficios parciales para el mes de julio, un total de $1712.

Los beneficios de John serán ajustados, aplicándoles la reducción por edad que corresponda por el mes que le falte para cumplir 65 años, en el cual el no haya recibido los beneficios mensuales completos. (véase la Sección 704.4.) En el caso de John, él recibió beneficios mensuales completos antes de cumplir 65 años sólo en el mes de agosto. El mes de julio no cuenta porque parte de los beneficios de ese mes se utilizaron para cumplir el límite de ganancias.

Por lo tanto, a los 65 años de edad, los meses en de reducción que se le aplican a John disminuirán de ocho (utilizados para calcular sus beneficios en enero) a solamente un mes de reducción permanente, por agosto. Debido a este reajuste, en su septiembre sus beneficios se reducirán en sólo un mes, de manera que su cantidad de beneficio será de $894. Aunque se le aplica una reducción permanente de $6 por mes, ha recibido $1712 en beneficios antes de cumplir los 65 años.

Por otra parte, si el derecho legal de John a cobrar sus beneficios comenzara en septiembre, el mes en que cumple 65 años, no recibiría beneficios por el período de enero a agosto y recibiría $900 por mes a partir de septiembre.

Aunque ganaría $6 más por mes, no obtendría los $1712 que obtendría si su mes de elección fuese enero. Si John dejara escapar la oportunidad de cobrar esos $1712 adicionales en beneficios antes de cumplir los 65 años, le llevaría 23 años compensar la diferencia, y sin añadir intereses.

Resulta claro que a John le sería ventajoso comenzar su derecho legal a cobrar beneficios a partir de enero en vez de septiembre, aunque le apliquen una pequeña reducción permanente a sus beneficios mensuales.

NOTA: *John deberá presentar su solicitud no más tarde de julio, porque en todos los casos las solicitudes de beneficios de jubilación no pueden ser retroactivas por más de seis meses.*

Estos principios se aplican también a los beneficios para las viudas, los cuales pueden ser reducidos según la edad.

Como regla general, especialmente en el año en que usted cumple 65 años de edad, le resultará ventajoso que el mes de su derecho legal a recibir beneficios lo más cerca posible de comienzos del año. Por supuesto, todo depende de la cantidad de su seguro primario, las ganancias anuales que usted espera obtener y su edad.

Al decidir si comenzar su derecho legal a cobrar beneficios en el mes más temprano posible o en un mes posterior, usted deberá tener en cuenta a cuánto ascenderían los beneficios que usted podría recibir en un mes posterior y a cuánto ascendería la reducción por edad que se aplicaría en ese caso. También deberá recordar que el ajuste del factor de reducción se efectúa a los 65 años.

Por consiguiente, si a usted se le aplica una reducción por edad extra, los beneficios mensuales no se modificarán para eliminar los meses que no se le pueden pagar hasta que cumpla 65 años de edad debido a las ganancias que reciba. Si opta por recibir beneficios reducidos a los 62 años, esa cantidad de beneficio reducido seguirá vigente hasta que usted cumpla 65 años.

En algunos casos le convendría más optar por un mes posterior para su derecho a recibir beneficios. Si usted trabaja por cuenta propia, deberá tener en cuenta una regla especial que excluye las ganancias del trabajo por cuenta propia del total que se aplica para el límite de ganancias. (véase la Sección 808.) No se incluirán las ganancias que se obtienen a través del trabajo por cuenta propia recibidas después de su primer año con derecho a cobrar beneficios pero atribuibles a servicios prestados antes del mes con derecho a cobrar beneficios.

Ejemplo: John es un plomero que trabaja por cuenta propia y cumple 65 años de edad en julio de 2001. Espera que el total de ganancias netas para 2001 ascienda a $30.000 y $30.000 en 2002. De las ganancias que espera obtener en 2002, $7500 los obtendrá a través de servicios prestados en 2001 pero antes de diciembre de 2001.

Cuando presenta su solicitud de Medicare, le informan que, sobre la base de las ganancias que espera obtener en 2001 y su cantidad de beneficio, puede cobrar $600 en beneficios para 2001, optando por enero de 2001 como su mes de elección, sin que le apliquen una reducción permanente a sus beneficios.

Sin embargo, debido a la regla de exclusión especial, le convendrá más que su mes de elección sea diciembre de 2001, aunque pierda los $600. Si su mes de elección es diciembre de 2001, podría excluir los $7500 que espera recibir en 2002, producto de sus ganancias contabilizables, porque dichas ganancias son atribuibles a los servicios prestados antes de diciembre de 2001, el mes en que adquiere derecho a cobrar beneficios, y recibidas después del primer año del derecho a cobrar beneficios.

Esto significa que sus ganancias contabilizables de 2002 serán de solamente $22.500. Bajo la regla del "uno por cada tres" (véase la Sección 801), John recibirá $2500 más en beneficios en 2002 que si sus ingresos contabilizables fueran de $30.000. Cuando en 2001 solicite Medicare, tendrá que limitar su solicitud únicamente a Medicare. (véase la Sección 404.3.)

Si sus ganancias llegan a un nivel que impediría que se le paguen beneficios, pero usted es elegible para que se le acredite un mes "sin servicio", le podría resultar conveniente renunciar a este beneficio si va a tener más meses sin servicio en un año posterior y prefiere utilizarlos cuando llegue ese momento. Generalmente se puede ser elegible para meses sin servicio durante sólo un año.

Ejemplo: Bill es un comerciante que gana $90.000 por año y no tiene planes de jubilarse. Sin embargo, en julio de 2000 no trabajará y podrá ser elegible para recibir beneficios correspondientes a ese mes.

En 2001 tendrá las mismas ganancias anuales pero no trabajará en febrero, julio o agosto. Resulta evidente que le convendría más recibir beneficios por tres meses sin servicio en 20001 que por sólo uno en 2000. Para hacerlo así, su primer mes con derecho a cobrar beneficios debe fijarse para después de julio de 2000. Si es elegible para recibir Medicare en fecha más temprana, Bill podrá presentar una solicitud destinada exclusivamente a obtener cobertura a través de Medicare. (véase la Sección 404.3.)

Anteriormente el mes de elección no se podía cambiar una vez elegido al presentar la solicitud. La única manera de cambiarlo era retirar la solicitud y presentar una nueva. En la actualidad el mes de elección es condicional y puede cambiarse en una fecha futura, siempre y cuando el nuevo mes de elección esté comprendido dentro del plazo de la retroactividad que tenga la solicitud.

En los casos en los cuales sea difícil decidir cuál sería el mejor mes de elección, deberá usted pedir la asistencia de un representante de reclamaciones. Al visitar la Oficina de Distrito para tratar ese asunto, procure obtener previamente un cálculo estimado de sus ganancias anuales que sea lo más exacto posible. De la misma manera, no olvide presentar una constancia de haber presentado una solicitud a más tardar en el mes de julio (preferiblemente en enero) del año en el cual cumple 65 años de edad, de manera que pueda optar por enero como mes de elección si le reporta beneficios extra.

Si usted acude a la Oficina de Distrito para obtener un cálculo estimado y aclarar las dudas mencionadas, asegúrese de que se incluyan las ganancias de los últimos dos años (lleve los correspondientes formularios "W-2" o su declaración de impuestos) y que las ganancias estimadas sean lo más exactas posibles.

En la Sección 303 se incluye una explicación completa de las opciones que tiene una viuda que tenga derecho a cobrar beneficios como viuda además de beneficios en base a sus propios registros.

Documentos requeridos

Sección 409

❏ Section 409.1 Información general

Le harán falta distintos documentos, dependiendo del tipo de reclamación que usted presente. Éstos se tratarán más detalladamente en las secciones siguientes. El Seguro Social siempre requiere documentos originales. No se aceptan fotocopias del certificado o partida de nacimiento ni del formulario W-2. Las fotocopias no se aceptan sin presentar a la vez el original.

Algunas veces la gente posterga la presentación de una reclamación de beneficios porque no tienen todos los documentos requeridos. Eso podría ser un serio error porque podría significar la pérdida de beneficios. No espere a reunir todos sus documentos antes de presentar una reclamación. Se puede presentar una reclamación y llevar los documentos cuando usted los tenga. En algunas ocasiones el Seguro Social puede obtenérselos.

Es importante llenar su solicitud en la fecha más temprana posible para poder recibir todos los beneficios a los cuales tenga derecho. Si usted presenta su solicitud cuando ya es tarde, es posible que pierda beneficios.

Procure reunir sus documentos bastante tiempo antes de la fecha en que usted desee presentar su reclamación, pero cuando llegue ese momento no lo postergue, presente su reclamación aunque le falten algunos documentos.

❒ **Section 409.2 Documentos requeridos a efectos de presentar una reclamación para jubilarse**

Al presentar una reclamación para obtener beneficios de jubilación, hace falta presentar su certificado o partida de nacimiento u otro documento aceptable para comprobar su edad. (véase la Sección 410.) También es necesario presentar todos sus formularios W-2 de los últimos dos años.

NOTA: *Si ha trabajado para más de una empresa, deberá asegurarse de llevar los formularios W-2 de cada una de ellas. Asimismo, algunas personas reciben los formularios W-2 de un sindicato (union) u otra fuente de ingresos. Si tiene este tipo de documentos no olvide llevarlos.*

Si usted trabaja por cuenta propia necesitará las declaraciones de impuestos de los últimos dos o tres años, de usted mismo y de su negocio. (véase la Sección 412.)

❒ **Section 409.3 Documentos que se requieren para presentar una reclamación como cónyuge**

Cuando se presenta una reclamación en calidad de esposa o esposo, ya sea por tener 62 años o por tener hijos a su cargo, el Seguro Social requiere su certificado de nacimiento. Sin embargo, no se exige el certificado (o partida) de matrimonio. El Seguro Social requiere, en cambio, que su cónyuge firme un formulario en el cual se certifica que en ese momento están casados el uno con el otro.

NOTA: *Si usted también presenta una solicitud para recibir beneficios en base a sus propios registros, si ha trabajado durante los últimos dos años deberá llevar los formularios W-2 de los últimos dos años. (véase la Sección 409.2.)*

Si usted presenta una solicitud como cónyuge divorciado (véase la Sección 204.3), necesitará su certificado de matrimonio y un decreto final de divorcio.

❏ Section 409.4 Documentos que se requieren para presentar una reclamación como viuda

Cuando usted presenta una reclamación para cobrar beneficios en calidad de viuda, deberá llevar el certificado de defunción (death certificate) de su esposo, su propio certificado de nacimiento y su certificado de matrimonio. Si usted presenta una solicitud como esposa divorciada, también necesitará sus papeles de divorcio. Si su esposo ha trabajado durante los últimos dos años necesitará, además, los formularios W-2 de todas las empresas en las que él hubiera trabajado.

NOTA: *Si usted estaba recibiendo beneficios como esposa, es posible que no tenga necesidad de presentar una nueva solicitud. (véase la Sección 405.)*

❏ Section 409.5 Documentos que se requieren para presentar una reclamación de beneficios para los hijos o para los padres

Al presentar una reclamación de beneficios para los hijos, se necesita llevar el certificado de nacimiento de cada hijo. En el caso de un hijastro, se requiere también que el padre o madre natural presente su certificado de matrimonio a fin de establecer el vínculo con el trabajador. En el caso de hijos adoptivos se requerirán los papeles de adopción. Respecto a los hijos ilegítimos, tiene que comprobarse que el padre reconoció como propio a su hijo antes de adquirir el derecho a cobrar beneficios del Seguro Social o antes de morir.

La prueba o constancia puede ser un carnet de notas escolares firmado por el padre o una cuenta de hospital firmada a partir del momento del nacimiento del niño, u otros documentos similares. Será suficiente cualquier constancia escrita.

En el caso de una persona que solicita beneficios como nieto, se exige la presentación de una constancia donde se indique que murieron ambos padres (o sus certificados de defunción) o quedaron incapacitados, además de certificados de nacimiento del nieto y de los padres a fin de comprobar el vínculo con el trabajador. La incapacidad no es una condición que se puede adquirir a través de un documento. Se deben proporcionar los nombres y direcciones de los doctores que trataron al paciente y los correspondientes hospitales. El Seguro Social obtendrá los registros.

❏ Section 409.6 Documentos que se requieren para presentar una reclamación por incapacidad

Para una persona que solicita beneficios por incapacidad con cargo a su propia cuenta, se requiere la presentación de un certificado de nacimiento si nació de 1930 en adelante o si usted tiene por lo menos 59 años y medio de edad en el momento en que se presenta la solicitud.

Se le exigirá prueba de edad si usted nació a partir de 1930 porque existe un requisito especial para los asegurados que cumplen 22 años de edad después de 1951. El Seguro Social mantiene la norma de obtener el certificado de nacimiento de aquellas personas que en el momento de presentarse la solicitud tienen por lo menos 59 años y medio, de manera que a los 65 años puedan cobrar beneficios de jubilación sin necesidad de volver a presentar prueba de edad.

REGLAS RESPECTO A LA PRUEBA DE EDAD
Sección 410

La mayor parte de los beneficiarios del Seguro Social recibien beneficios en base a su edd. La SSA establece pautas y requisitos muy precisos respecto a la prueba de edad.

La SSA clasifica las pruebas de edad en dos categorías básicas: evidencia primaria y evidencia secundaria. La SSA considera evidencia primaria de edad al certificado de nacimiento o un certificado de bautismo registrado antes de cumplir los cinco años de edad.

Generalmente un certificado de nacimiento o bautismo incluirá, además de la fecha de su nacimiento, la fecha en que el documento fue registrado por primera vez. Algunas veces el certificado de nacimiento se registra varios años después del nacimiento.

Si su certificado de nacimiento o bautismo no fue registrado dentro de los primeros cinco años no será aceptado como evidencia primaria.

NOTA: *Sólo hace falta presentar un certificado de nacimiento o un certificado de bautismo, no es necesario presentar los dos documentos.*

Si usted no cuenta con un certificado de nacimiento o de bautismo en el momento de presentar la solicitud, la SSA no aceptará otra prueba de su edad a menos que se explique satisfactoriamente por qué no se presenta una evidencia primaria.

Si usted no fue bautizado, obviamente no puede tener un certificado de bautismo. Sin embargo, si usted declara que no tiene certificado de nacimiento, la SSA podrá requerirle que presente una declaración de la Oficina de Estadísticas Vitales (Bureau of Vital Statistics) de su estado en la cual se diga que buscaron su certificado de nacimiento pero no lo pudieron encontrar.

Si no se tiene una evidencia primaria como la que se acaba de indicar, la SSA considerará documentos a los que se conoce como *evidencia secundaria*. La evidencia secundaria incluye papeles tales como un certificado de nacimiento o de bautismo registrado más de cinco años después del nacimiento, pasaportes, récords del censo, certificados de matrimonio donde se indica su edad, registros de inmigración, etc. (En el Apéndice 1 figura una lista de los tipos de evidencia secundaria que el Seguro Social considera.)

Además, cuando usted solicitó su número de seguro social, le pidieron que proporcione su fecha de nacimiento y la SSA tiene que tener tal información.

Si usted presenta un documento de evidencia secundaria, como los que se indican en las secciones de la I-1 a la I-9 de la lista que figura en el Apéndice 1 y está de acuerdo con la fecha de nacimiento proporcionada al solicitar la tarjeta del Seguro Social, no hará falta presentar más pruebas.

Sin embargo, si usted presenta dos o más documentos de evidencia en los que aparezcan fechas de nacimiento diferentes, o si existen diferencias entre la fecha de nacimiento que usted declaró cuando solicitó su número del Seguro Social y la que aparece en uno de los documentos de evidencia secundaria, la SSA requerirá que se cumpla enteramente el proceso de evidencia secundaria.

En ese caso, procurarán obtener todos los documentos de evidencia posibles que se indican en el Apéndice 1 y entonces podrán establecer cuál es la fecha de nacimiento que deberán considerar válida.

Al considerar los distintos tipos de evidencia secundaria, la SSA generalmente prefiere los documentos que sean más antiguos y que estén menos sujetos a error.

Por ejemplo, un certificado de nacimiento registrado a la edad de siete años se considerará un muy buen documento de evidencia secundaria, porque fue registrado a una edad temprana y con una finalidad para la cual, generalmente, se requiere indicar con exactitud la fecha de nacimiento.

Generalmente no se considera buena evidencia la fecha de nacimiento que figura en un certificado de matrimonio o en registros de empleo, dado que esos datos se registran a una edad posterior y para dichos documentos no se suele requerir con la fecha de nacimiento exacta.

Si existe algún documento de evidencia en que aparezca una fecha de nacimiento diferente (por ejemplo, registros de empleo o la fecha de nacimiento proporcionada para obtener el número del Seguro Social) se le pedirá que explique el motivo de la diferencia. Mucha gente proporciona una fecha de nacimiento distinta al solicitar el número de Seguro Social. Quizás usted mostró en la empresa para la cual trabajaba en esa época la solicitud del número de Seguro Social y quería que creyeran que usted era más joven.

Si usted hizo algo similar, no tema comunicárselo al Seguro Social. Ellos no utilizarán esa información en contra de usted. Sólo procuran resolver las discrepancias que se observan entre los distintos documentos de evidencia.

REGLAS RESPECTO A LA PRUEBA DE MATRIMONIO

Sección 411

Para comprobar la veracidad de su matrimonio cuando se requiere para tener derecho a cobrar beneficios, el Seguro Social puede requerir la presentación del certificado de matrimonio. Por supuesto, los matrimonios se registran y si usted no puede obtener el certificado se le exigirá una explicación. Generalmente se le exigirá que lleve una declaración de la Oficina de Estadísticas Vitales a tales efectos, indicando que buscaron sus registros de matrimonio y que no lo encontraron.

Si no hay registro alguno de su matrimonio, usted podrá establecerlo recurriendo a la evidencia secundaria. Los documentos de evidencia más antiguos y mejores son los que se requieren para propósitos para los cuales se necesita información sobre matrimonios, tales como ciertos pasaportes, o el certificado de nacimiento de un hijo en el cual figuren los nombres de los padres. También pueden obtenerse declaraciones de los familiares de su cónyuge. (En la Sección 207.5, donde se incluye una explicación sobre los requisitos respecto a matrimonios.)

PROBLEMAS ESPECIALES RELACIONADOS CON LOS DUEÑOS DE NEGOCIOS

Sección 412

Si usted es dueño de su propio negocio o empresa, ya sea que trabaje por cuenta propia o que lo hubiera establecido como corporación, tendrá problemas especiales cuando reclame beneficios de jubilación al Seguro Social. Desde luego, si usted va a cerrar su negocio definitivamente o si lo va a vender a terceras personas que no sean familiares y no tendrá más participación en el negocio, entonces seguramente no tendrá problemas.

Casi siempre, si usted es dueño de su propio negocio, el Seguro Social requiere una entrevista personal. Generalmente no es posible presentar una reclamación por teléfono. El motivo es que el Seguro Social desea interrogarle detalladamente sobre su negocio y determinar su credibilidad. La persona que lo entreviste tomará una decisión por escrito en la cual se indicará si le parece que lo que usted dice es cierto o no.

Si usted no le vende su empresa a una persona que no sea familiar o en vez de cerrar el negocio reclama beneficios de jubilación en base a una disminución de ganancias, tendrá que proporcionar una explicación completa y detallada respecto al motivo por el cual su salario está disminuyendo. No es suficiente reducir su salario en los libros de contabilidad. Para el Seguro Social eso no significa nada.

Los funcionarios del Seguro Social querrán saber qué funciones cumple usted ahora que declara haberse retirado parcialmente. Querrán saber si sus ganancias que declara tienen relación con las funciones que cumple. También querrán saber quién se encarga de las demás funciones ahora que usted no las realiza y qué cualificaciones tienen. No es suficiente limitarse a decir "mi esposa se encarga del negocio" si ella jamás ha participado en las operaciones.

Si usted le dice al personal del Seguro Social que en ciertos días no va a ir a trabajar, puede estar seguro que en esos días enviarán a una persona a su negocio o empresa para comprobar si es cierto que usted no está presente. Un funcionario del Seguro Social podría simular que es un cliente.

Le pedirán también que indique nombre y dirección de sus principales clientes y proveedores, porque el Seguro Social se pondrá en contacto con ellos para verificar que usted ya no trata con ellos o que su negocio ya no funciona.

El Seguro Social requerirá sus declaraciones personals de impuestos de los últimos dos o tres años, además de las declaraciones de impuestos correspondientes a su empresa. Ellos querrán averiguar si usted está recibiendo ingresos del negocio y no los declara como ganancias.

Por ejemplo, si su empresa está organizada como corporación y aparece que su salario disminuye pero sus dividendos del negocio aumentan, investigarán si usted está recibiendo ingresos del negocio y en vez de declararlos como ganancias los llama de otra manera. Pensarán que es posible que usted esté disfrazando su salario bajo la forma de dividendos.

También investigarán sus deducciones para averiguar si alguna de ellas ha sido exagerada para ocultar ingresos. Cuando usted presente su solicitud inicial, el Seguro Social le tomará una declaración sumamente detallada respecto a las operaciones y la gerencia de su compañía.

Prepárese para proporcionar una explicación completa cuando presente su solicitud y explicar detalladamente por qué usted recibirá menos ganancias quea antes.

TIEMPO QUE LLEVA LA TRAMITACIÓN

Sección 413

En general la tramitación de una solicitud lleva aproximadamente dos semanas hasta que pueda emitirse el pago. En algunas ocasiones basta con una semana. Desafortunadamente, en algunos casos (no muchos) puede tardar varios meses, hasta cuatro o cinco a veces. Las demoras se pueden producir cuando se plantean problemas relacionados con la prueba de edad o algún otro requisito, el matrimonio, por ejemplo.

Si su primer cheque no le llega en un plazo de tres meses desde el momento en que usted proporciona al Seguro Social toda la información y los documentos que requeridos, usted puede tener derecho a lo que se conoce como *pago acelerado,* "expedited payment." (véase la Sección 1009.)

NOTA: *Los cheques no se pagan hasta que no llegue la fecha correspondiente. Si usted presenta su solicitud anticipadamente, no recibirá su primer cheque hasta el mes al cual corresponde ese primer pago.*

BENEFICIOS DE INCAPACIDAD: DISPOSICIONES ESPECIALES 5

INFORMACIÓN GENERAL

Sección 501

Existen tres clases de beneficios del Seguro Social que se pagan por causa de incapacidad. Los más comunes y mejor conocidos son los beneficios de seguro de incapacidad. (véase la Sección 203.) Éste es el beneficio que se paga a los trabajadores incapacitados. La cantidad que paga este beneficio es equivalente a la que recibiría un trabajador de 65 años de edad.

A fin de ser elegible para recibir beneficios de seguro de incapacidad, usted deberá contar con un seguro especial. (véase la Sección 604.) No solamente debe haber trabajado durante un tiempo razonable bajo el Seguro Social, sino que también debe haber estado empleado recientemente.

Los demás beneficios de Seguro Social que se pagan por causa de incapacidad son los beneficios para hijos adultos incapacitados (véase la Sección 205.3) y beneficios para viudos(as) incapacitados(as). (véase la Sección 204.6.). Estos beneficios se pagan a los hijos de trabajadores jubilados, discapacitados o fallecidos y a viudos (as) entre las edades de cincuenta y cincuenta y nueve años.

Este capítulo no tratará todos los aspectos relacionados a demostrar la validez de una reclamación de beneficios de incapacidad, debido a que éstos son muy numerosos y complicados. Sería preciso compilar un libro completo a fin de cubrir todos los detalles pertinentes. Explicaremos los requisitos médicos solamente en términos generales. En el caso de que usted reclame beneficios de incapacidad y le sean denegados, deberá contratar los servicios de un abogado.

Discutiremos en detalle las reglas especiales que conciernen exclusivamente a los beneficios de incapacidad, además de los requisitos médicos.

DEFINICIÓN DE INCAPACIDAD

Sección 502

En esta sección nos referiremos a los requisitos médicos en términos generales.

Si usted se considera incapacitado(a), deberá presentar una solicitud de beneficios. Si la solicitud es denegada la primera vez, sería aconsejable contratar los servicios de un abogado. Una gran cantidad de las solicitudes que son denegadas, se aceptan posteriormente en el proceso de apelación. Las reglas que rigen los requisitos médicos son muy complejas, por consiguiente es preciso contar con el asesoramiento y la representación de un abogado a fin de tramitar la apelación.

Existen tres clases de beneficios de incapacidad: beneficios del seguro de incapacidad (para trabajadores incapacitados), beneficios para hijos adultos incapacitados (para los hijos de trabajadores jubilados, discapacitados o fallecidos que se ven afectados antes de cumplir los 22 años de edad), y los beneficios para viudos(as) discapacitados (as) (para viudos(as) discapacitados(as) entre las edades de 50 y 59 años).

Según la ley, "incapacidad" se define como la imposibilidad de realizar cualquier tipo de actividad productiva (véase la Sección 504) durante un período continuo que se extienda durante al menos un año o que traiga como resultado la muerte de la persona. La causa de la incapacidad puede ser tanto física como mental, sin embargo debe ser médicamente identificable. Esto significa que debe existir una base médica para la condición.

La *ceguera legal* también es considerada como una incapacidad. Se define a la ceguera legal como una agudeza de visión central igual o menor a 20/200 en el mejor ojo con el uso de anteojos, o un campo limitado de visión en el cual el diámetro más ancho subtiende un ángulo no mayor de 20 grados. El requisito de un año de duración del período también aplica a los casos de ceguera.

La Administración de Seguro Social (SSA) considerará la edad, educación y experiencia de trabajo además de la condición médica. Esto significa que incluso en el caso de que su condición médica no imposibilite todo tipo de trabajo, usted puede ser elegible si su situación particular, considerando aspectos como la edad, educación y experiencia de trabajo, no le permite llevar a cabo el único trabajo que usted puede realizar físicamente.

El ejemplo más simple de este tipo de situación puede ser ilustrado de la siguiente manera: un jornalero entre los 50 y 60 años de edad padece de una condición de la espalda que le impide llevar a cabo sus funciones regulares de trabajo. Su experiencia de trabajo se limita exclusivamente a este tipo de labor. A pesar de que cuenta con la capacidad física para realizar trabajo ligero, la SSA lo considerará incapacitado (a) por su edad y experiencia de trabajo limitada.

"CONGELACIÓN" DEL REGISTRO DE GANANCIAS
Sección 503

Cuando usted adquiere derecho a recibir beneficios del seguro de incapacidad, también puede acogerse a lo que se conoce como una "congelación" debido al efecto que esto pueda tener en el registro de ganancias. Los meses o años comprendidos por el período de incapacidad no serán considerados para calcular beneficios.

La congelación por motivo de incapacidad aplica al cómputo de todos los beneficios, no solamente a los beneficios por concepto de jubilación. También aplica cuando se determina el número de trimestres de cobertura requeridos. (véase la Sección 601.)

TRABAJO SUSTANCIAL Y LUCRATIVO
Sección 504

Independientemente de su condición médica, si usted ha realizado algún tipo de labor durante el período en que ha reclamado beneficios de incapacidad, no será elegible si se determina que es un trabajo sustancial y lucrativo (TSL), a menos que se encuentre en un período probatorio (véase la Sección 509) o se trate de un intento de trabajo infructuoso. (véase la Sección 506.) Si usted es un empleado, en lugar de tener negocio propio, el factor más importante para determinar si la labor realizada es considerada trabajo sustancial y lucrativo es la cantidad de las ganancias.

La SSA ha establecido cantidades específicas que se utilizan como guía. Desde enero de 2001, estas cantidades de dólares se calculan en base al índice del promedio nacional de salarios.

En 2001, la cantidad mensual es $740. Si el promedio de ganancias sobrepasa esta cantidad mensualmente, la labor se considera trabajo sustancial y lucrativo. Si el promedio está por debajo de esta cantidad, la labor no se considera trabajo sustancial y lucrativo.

Las cantidades varían para las personas invidentes. (véase la Sección 504.1 de la próxima sección.) La cantidad establecida para determinar el trabajo sustancial y lucrativo aumentará de forma paralela al índice de salarios, sin embargo, dicha cantidad nunca estará por debajo del nivel del año anterior.

Si las ganancias demuestran que usted ha realizado trabajo sustancial y lucrativo, no será elegible para recibir beneficios, no importa cual sea su condición médica. (véase Sección 509—Período probatorio de trabajo y Sección 506—Intento de trabajo infructuoso.)

Las ganancias obtenidas mediante la realización de trabajo voluntario en programas bajo la Ley de Servicio Doméstico Voluntario y la Ley de Pequeñas Empresas no se considerarán en el cálculo de ganancias de trabajo sustancial y lucrativo.

La SSA también obviará cualquier parte del pago que no esté basada en los servicios ofrecidos.

Ejemplo: Usted puede estar trabajando para un patrón que subsidie parte de su pago, como es el caso de algunos talleres protegidos. El patrón puede estar pagando más de lo que vale la labor económicamente. La cantidad de este tipo de subsidios será deducida de las ganancias a fin de utilizar las guías de ganancias mencionadas anteriormente.

Si el patrón no establece una cantidad específica para este tipo de subsidio, la SSA investigará las circunstancias a fin de determinar el pago recibido como parte del salario y la cantidad correspondiente al subsidio.

Asimismo, la SSA descontará de la cantidad total de ganancias cualquier tipo de gasto inusual relacionado con el trabajo. Estos gastos son necesarios por causa de su incapacidad. Se descontarán únicamente aquellos que excedan la cantidad normal establecida para gastos relacionados con el trabajo. No se harán deducciones de gastos necesarios, aunque usted no se encuentre trabajando (ej. gastos para medicamentos).

Si trabaja por cuenta propia, la SSA no se basará únicamente en las ganancias para determinar si usted está realizando trabajo sustancial y lucrativo. Sus ganancias pueden verse afectadas por una serie de factores no relacionados a su incapacidad. Si las actividades realizadas, considerando el tiempo dedicado al negocio, las destrezas requeridas, tareas, responsabilidades, eficiencia y energía invertida son comparables a las actividades realizadas por las personas que no sufren de impedimentos en su comunidad, se considerará que el trabajo es sustancial y lucrativo. Si este no es el caso, la SSA analizará el valor de sus servicios para el negocio.

Si el valor de sus servicios es claramente igual a las pautas monetarias para empleados que se han discutido anteriormente, se considerará que el trabajo es sustancial y lucrativo. Al decidir el valor de sus servicios, la SSA se basará en la cantidad que usted le tendría que pagar a un empleado para llevar a cabo estas funciones. Si el valor de sus servicios es menor que las pautas monetarias para un empleado, la SSA considerará sus ganancias y determinará cuán significativos son los servicios para el negocio.

Si usted ofrece servicios significativos y la cantidad de las ganancias obtenidas es igual o mayor que las pautas monetarias para un empleado discutidas anteriormente, (inclusive si el valor de sus servicios es menor), el trabajo será considerado sustancial y lucrativo. Si el ingreso es menor que esta pauta, pero el sustento derivado es comparable a lo que usted ganaba antes de quedar incapacitado (a), o es comparable al sustento de las personas no discapacitadas de su comunidad, el trabajo será considerado sustancial y lucrativo. Los servicios prestados al negocio serán considerados significativos si usted:

- es el único propietario;

- aporta más de la mitad del tiempo dedicado a la administración; o

- si usted invierte más de 45 horas al mes en tiempo de administración.

❑ Sección 504.1 Trabajo sustancial y lucrativo— Normas especiales para los invidentes

Si la incapacidad se debe a impedimentos visuales (véase la Sección 502), usted será elegible para recibir beneficios mensuales, independientemente de la situación de empleo, siempre y cuando las ganancias mensuales no promedien una cantidad mayor a $1,240 (en 2001). Esta cantidad será ajustada en años futuros de acuerdo con el promedio nacional de salarios.

Si usted ha demostrado la capacidad para ganar cantidades equivalentes a las mencionadas, sus beneficios terminarán. Sin embargo, si usted ha cumplido los 55 años de edad, sus beneficios no terminarán si el trabajo actual no es comparable al trabajo realizado antes de perder la visión. Si su empleo actual requiere destrezas o habilidades menores o diferentes a aquellas que utilizaba anteriormente, sus beneficios solamente se suspenderán durante los meses en los cuales las ganancias sobrepasen la cantidad previamente señalada.

Si se suspenden sus beneficios, usted podrá reiniciarlos sin necesidad de solicitarlos nuevamente o cumplir con el requisito de un año de duración de la incapacidad.

Si usted cumple con los requisitos para recibir beneficios de incapacidad por causa de impedimentos visuales, incluido el requisito de trabajo (véase la Sección 604), entonces será elegible durante un período de incapacidad llamado *congelación* (véase Sección 503), independientemente de si usted está realizando un trabajo sustancial y lucrativo. A pesar de que no se efectuarán pagos mensuales mientras usted se encuentre trabajando o sea capaz de trabajar, tendrá derecho a una congelación del registro de ganancias. Deberá remitir una solicitud para ello y reunir todos los requisitos, igual que si estuviera solicitando beneficios mensuales.

FECHA DE COMIENZO

Sección 505

La fecha de comienzo de incapacidad es muy importante. Esta fecha determina el cálculo de sus beneficios (véase la Sección 702.2), cuánto trabajo necesita y cuándo. (véase la Sección 604.) Determina el inicio del período de espera y si usted cualifica para recibir beneficios retroactivos. (véase la Sección 406.2.)

El período de espera comienza con el primer mes completo de incapacidad. Si usted queda incapacitado(a) el primer día de un mes determinado, ése precisamente será el primer mes del período de espera. Si usted queda incapacitado(a) a partir del segundo día del mes o en fechas posteriores dentro de un mes determinado, entonces el próximo mes será el primer mes del período de espera.

Por ejemplo, si usted queda incapacitado(a) el 10 de junio, el período de espera comienza con el mes de julio. Si queda incapacitado(a) el 1 de junio, junio será el primer mes del período de espera.

Una fecha de comienzo temprana será más favorable para usted. El período de espera terminaría antes, lo cual podría adelantar significativamente la fecha del pago de los beneficios.

Si la fecha de comienzo queda establecida durante el año anterior, es posible que requiera menos créditos de trabajo o trimestres de cobertura (véase Sección 604), y por lo regular el pago otorgado será mayor que en otros casos. Si se otorgara el pago retroactivo de beneficios, la cantidad del mismo será determinada por la fecha de comienzo.

INTENTO DE TRABAJO INFRUCTUOSO

Sección 506

Como se indica en la Sección 504.1, la fecha de comienzo de incapacidad es sumamente importante. Una fecha temprana de comienzo será siempre más favorable para usted. Las personas que han dejado de trabajar por razones de incapacidad, pero han vuelto a trabajar antes de detener sus actividades laborales nuevamente, podrán utilizar la fecha más temprana como fecha de comienzo.

Por ejemplo, si usted queda incapacitado (a) y no trabaja durante todo el mes de enero, pero regresa a su empleo en febrero y continúa trabajando hasta el 15 de abril, la fecha de comienzo quedaría establecida dentro del mes de enero.

Si usted regresa al trabajo por un período no mayor a tres meses y se ve forzado (a) a interrumpir su actividad laboral por las limitaciones físicas o mentales que presenta su incapacidad, esta situación podría ser considerada un intento de trabajo infructuoso. Sin embargo, deberá reunir los requisitos médicos de incapacidad mencionados en secciones anteriores. El primer período de incapacidad debe haber durado un mínimo de un mes y no puede haberse observado una mejoría en la condición médica durante el tiempo dedicado a actividades laborales.

Un período de trabajo puede considerarse infructuoso aún cuando el lapso de tiempo exceda los tres meses, siempre y cuando estén presentes todas las condiciones mencionadas anteriormente, el período de trabajo no dure más de seis meses y se establezcan consideraciones especiales por parte del patrón. El nivel de productividad durante los seis meses debe haber sido menor que el requerido para empleados que no sufren de incapacidad.

Usted podrá realizar más de un intento de trabajo infructuoso, siempre y cuando estén separados por un mes completo de incapacidad y no se haya observado una mejoría en su condición médica.

EL PERÍODO DE ESPERA

Sección 507

No se pagarán beneficios a los trabajadores incapacitados ni a sus dependientes durante el transcurso de los primeros cinco meses de incapacidad. No se pagarán beneficios durante el período de espera. El período de espera comienza con el primer mes completo de incapacidad, después de la fecha de comienzo.

No se requiere un período de espera si a usted ya se la había otorgado el derecho a recibir beneficios durante los cinco años anteriores al comienzo de su incapacidad actual. El período de espera está constituido por los primeros cinco meses completos de un período de incapacidad. Si usted queda incapacitado(a) a partir del segundo día de un mes, ese mes no será considerado al determinar el período de incapacidad.

El período de espera se utiliza solamente al determinar el comienzo de los beneficios mensuales. Aun así, se deberá cumplir con el requisito de un año de duración que se menciona en la Sección 502, a menos que se determine que la gravedad de la incapacidad pueda resultar en la muerte de la persona.

No es necesario que concluya el período de espera para remitir una solicitud de beneficios de incapacidad. Usted tiene derecho a solicitar beneficios inmediatamente después de que haya dejado de trabajar por causa de incapacidad. Si remite la solicitud de beneficios antes de que concluya el período de espera, no se efectuarán pagos de beneficios antes de que transcurra el mismo.

Si la naturaleza de la condición médica indica que es de carácter permanente o que el período de duración de la incapacidad excederá un año, la solicitud debe remitirse tan pronto como sea posible, ya que la tramitación de la misma puede tomar entre dos y tres meses.

Si el período de espera concluye antes de que usted remita la solicitud, recuerde que el proceso de tramitación puede tomar hasta tres meses. Usted no recibirá beneficios durante el período de tramitación. Si la solicitud es aprobada, el primer cheque incluirá todos los beneficios por pagar a partir de la conclusión del período de espera.

PERÍODO DE INCAPACIDAD CONCLUIDO

Sección 508

Si la incapacidad se prolonga por un año o más, usted será elegible para recibir beneficios. Una solicitud de beneficios de incapacidad puede ser retroactiva por un período de un año. (véase la Sección 406.2.) Después que usted haya regresado al trabajo, será elegible para recibir beneficios por el período de incapacidad aunque no haya solicitado los beneficios anteriormente. Este período de tiempo durante el cual estuvo incapacitado(a) se conoce como *período de incapacidad concluido*. Será elegible para recibir beneficios solamente durante el tiempo comprendido dentro del período de 12 meses de vigencia retroactiva que tiene toda solicitud de beneficios de incapacidad.

Ejemplo: Su período de incapacidad comienza el 15 de abril de 1999. Usted regresa a su empleo regular el 15 de junio de 2000 y no remite la solicitud de beneficios de incapacidad hasta febrero de 2001. El período de espera (véase la Sección 507) comienza una vez pasado el primer mes completo de incapacidad (mayo de 1999). Por lo tanto, el mismo se extiende entre los meses de mayo y septiembre.

Octubre de 1999 sería el primer mes en el cual usted podría adquirir el derecho a cobrar beneficios de incapacidad y agosto de 2000 sería la fecha en que terminaría el pago de sus beneficios. (véase la Sección 513.) Sin embargo, debido a que usted no remitió la solicitud antes de febrero de 2001, la capacidad retroactiva de la misma queda limitada por el período de 12 meses de vigencia (febrero de 2000).

Debido a que al momento de remitir la solicitud, usted ya se había recuperado de su condición médica, el período de tiempo durante el cual estuvo incapacitado(a) se conoce como período de incapacidad concluido. Si la solicitud es aprobada, usted recibirá el pago retroactivo de sus beneficios durante el período comprendido entre los meses de febrero y agosto de 2000.

Si hubiese remitido la solicitud no más tarde de octubre de 2000, tendría derecho a recibir beneficios por todos los meses correspondientes, desde octubre de 1999 hasta agosto de 2000.

Período probatorio de trabajo

Sección 509

Después que usted adquiere el derecho a recibir beneficios de incapacidad, podría efectuar un intento de trabajo sin que terminen sus beneficios inmediatamente, si todavía sufre de incapacidad médica. Esta situación es conocida como período probatorio de trabajo. Es diferente al intento de trabajo infructuoso discutido en la Sección 506. El período de trabajo probatorio solamente aplica después de que usted haya adquirido el derecho a cobrar beneficios de incapacidad, sin embargo, el intento de trabajo infructuoso aplica a los períodos de trabajo anteriores a la remisión de la solicitud.

El propósito del período de trabajo probatorio es ofrecerle la oportunidad a un(a) beneficiario(a) incapacitado(a), que todavía sufre de limitaciones físicas, a efectuar un intento de trabajo sin que éste(a) sea penalizado(a). Las ganancias obtenidas durante un período probatorio no tienen ningún efecto en los beneficios, incluso en el caso de que excedan los límites de ingreso que aplican a otro tipo de beneficios. El examen de trabajo (véase la Sección 801) no aplica a los beneficios de incapacidad.

Usted no será elegible para un período probatorio de trabajo si se ha recuperado de su incapacidad o si su condición médica ha cambiado hasta el punto de no estar totalmente incapacitado(a), independientemente de si se encuentra limitado(a) parcialmente por causa de incapacidad. Deberá reunir todos los requisitos médicos de incapacidad a fin de ser elegible para un período probatorio de trabajo.

Si usted es elegible, entonces la actividad laboral no será considerada al determinar si se interrumpirá o no el pago de los beneficios, incluso si el trabajo es sustancial y lucrativo. (véase la Sección 504.) Si la actividad laboral realizada no se considera sustancial y lucrativa, sus beneficios continuarán. Solamente se contarán para el período probatorio de trabajo los meses durante los cuales usted haya adquirido ganancias que asciendan a $200.

Se le concederá un total de nueve meses para el período probatorio de trabajo. Después de este lapso de tiempo, la actividad laboral realizada será evidencia de que usted ya no sufre de incapacidad.

No es necesario que los nueve meses del período probatorio de trabajo sean consecutivos. Si trabaja durante dos meses, se mantiene totalmente inactivo por un tiempo y luego vuelve a trabajar por dos meses, habrá utilizado un total de cuatro meses y todavía contaría con cinco meses restantes del período probatorio de trabajo.

Ejemplo: Usted adquiere el derecho de cobrar beneficios de incapacidad en enero de 2000. En diciembre de 2000, trabaja como empleado a tiempo parcial y recibe un ingreso de $100 mensuales desde diciembre de 2000 hasta marzo de 2001. Esta actividad laboral está por debajo de los criterios de ganancias que se describen en la Sección 504 y, por lo tanto, no constituyen un trabajo sustancial y lucrativo. Esto no tendrá efecto alguno en sus beneficios de incapacidad, pero sí agotará cuatro meses del período probatorio de trabajo debido a que los ingresos sobrepasan la cantidad de $75 al mes.

Sin embargo, en abril de 2001 comienza a ganar $600 por mes. Esto sería trabajo sustancial y lucrativo debido a que excede las ganancias que se describen en la Sección 504. Usted continúa recibiendo ingresos de $600 por mes, desde abril de 2001 hasta junio de 2001. Hasta este punto, usted ha utilizado siete meses del período probatorio de trabajo.

Posteriormente, usted interrumpe la actividad laboral en el mes de junio y no recibe ganancias hasta septiembre de 2001, fecha en la cual comienza a recibir ganancias nuevamente por la cantidad de $600 mensuales y continúa recibiéndolos desde esa fecha en adelante. El período probatorio de trabajo incluye los meses entre diciembre de 2000 y junio de 2001 además de los meses de septiembre y octubre de 2001. Nueve meses en total.

> **NOTA**: *A fin de ser elegible para un período probatorio de trabajo, su condición médica deberá indicar incapacidad total. Si se observa una mejoría en su condición médica, usted no podrá trabajar dentro de un período probatorio.*

Si usted continúa trabajando y recibiendo ganancias que sobrepasen los criterios que determinan el trabajo sustancial y lucrativo después de la expiración del período probatorio de trabajo, entonces su actividad laboral indicará que usted no está incapacitado(a), independientemente de su condición médica. De igual forma, su incapacidad cesará con el primer mes de trabajo sustancial y lucrativo después de la conclusión del período probatorio de trabajo. Usted recibirá dos cheques adicionales después del mes que se haya determinado como la fecha en que terminó su condición de incapacidad. (véase la Sección 513.)

PERÍODO DE READQUISICIÓN DE DERECHOS

Sección 510

El período de readquisición de derechos es un período adicional de treinta y seis meses después de nueve meses de trabajo probatorio durante el cual usted podrá seguir evaluando su habilidad para trabajar si sigue sufriendo de alguna limitación por causa de incapacidad. Usted recibirá beneficios durante los meses dentro de este período en los cuales no haya realizado trabajo sustancial y lucrativo, pero no se le pagarán beneficios en los meses posteriores a los tres meses durante los cuales usted lleve a cabo este tipo de actividad laboral.

Si otra persona recibe beneficios mensuales basados en su registro de ganancias, este individuo no recibirá pagos de beneficios durante el transcurso del período de readquisición de derechos. Si los beneficios se ven interrumpidos por la realización de trabajo sustancial y lucrativo, podrán iniciarse otra vez sin necesidad de solicitar o de determinar incapacidad nuevamente si usted deja de realizar trabajo sustancial y lucrativo durante este período.

A efectos de determinar si usted ha realizado trabajo sustancial y lucrativo durante un mes específico, la SSA considerará solamente las ganancias de ese mes en particular, sin tomar en cuenta el promedio de trabajo o las ganancias recibidas en un período de varios meses.

EL EFECTO DE LOS BENEFICIOS DE COMPENSACIÓN PARA TRABAJADORES

Sección 511

Si usted recibe beneficios de incapacidad del Seguro Social y además recibe beneficios de compensación para trabajadores por haber sufrido un accidente en el lugar de empleo, sus beneficios del Seguro Social pueden verse afectados.

Si la combinación de beneficios del Seguro Social (incluidos los beneficios para su cónyuge e hijos) sumada a la cantidad en beneficios de compensación para trabajadores que usted recibe mensualmente es mayor que el 80% del promedio de ganancias corrientes, entonces los beneficios del Seguro Social serán reducidos de tal manera que el total no sobrepase el 80%. Los beneficios por pagar a los dependientes serán los primeros en ser reducidos.

Al determinar el promedio de ganancias corrientes, el Seguro Social considera la cantidad bruta de sus ganancias anteriores en lugar de la cantidad neta menos los descuentos. El promedio de ganancias corrientes se calcula de tres maneras diferentes. Siempre se utilizará el método que resulte en el promedio más alto.

En el *primer* método para determinar el promedio de ganancias corrientes se utiliza el promedio de las ganancias mensuales recibidas durante cualquier año civil dentro del año del comienzo de la incapacidad o de los cinco años anteriores.

En el *segundo* método para determinar el promedio de ganancias corrientes se utiliza el promedio de las ganancias mensuales dentro de cualquier período de cinco años consecutivos posteriores a 1950.

NOTA: *Los cinco años deben ser consecutivos y no podrán escogerse aleatoriamente después de 1950.*

En el *tercer* método para determinar el promedio de ganancias corrientes se utiliza el promedio de ingresos mensuales dentro de todos los años considerados al calcular los beneficios de incapacidad. (véase la Sección 702.2.)

Siempre se utilizará el método que resulte en el promedio mensual más alto. Es importante notar que a efectos de determinar el promedio de ganancias corrientes, se utilizará la cantidad actual de ingresos, incluso en el caso de que excedan la cantidad de ganancias sujetas al impuesto de FICA de ese año. Debido a que el registro de ganancias solamente refleja los ingresos de un año civil que están sujetos al impuesto de FICA, es importante comunicarse con la SSA si las ganancias anuales de un año en particular sobrepasan la cantidad máxima establecida por FICA.

Ejemplo: La cantidad máxima de ganancias sujetas al impuesto de FICA en 2001 es $68,400. Por lo regular, aunque usted reciba ingresos que sobrepasen esta cantidad, solamente figurará en el registro de ganancias la cantidad establecida por FICA.

Ejemplo: Si usted ganó un total de $80,000 dólares en 2001, a efectos de determinar el promedio de ganancias corrientes, se utilizará la cantidad de $80,000 dólares en lugar de la que aparece en el registro de ganancias.

En el Apéndice 3 figura una lista de la cantidad máxima establecida por FICA para todos los años.

La compensación para trabajadores no aplica si la Ley de compensación para trabajadores bajo la cual usted recibe beneficios de compensación indica que los beneficios de *compensación* serán reducidos por la cantidad que usted recibe de beneficios del Seguro Social.

Si el total de beneficios por pagar del Seguro Social que figura en el registro de ganancias es mayor que el 80% del promedio de ganancias corrientes, entonces se utilizará esta cantidad a fin de determinar la compensación, en lugar de utilizar el 80% del promedio.

EL EFECTO DE OTRO TIPO DE PAGOS Y BENEFICIOS

Sección 512

Los beneficios pagados bajo pólizas privadas de seguro de incapacidad no afectan los beneficios de incapacidad del Seguro Social. La continuación del salario de un empleado no tendrá ningún efecto, al igual que los pagos de salario atrasados, incrementos retroactivos por pagar, comisiones o cualquier otro tipo de pago similar efectuado por un patrón. A parte de la compensación para trabajadores discutida en la Sección 511, los únicos beneficios de incapacidad que podrían afectar los beneficios de incapacidad del Seguro Social serían aquellos requeridos por cualquier ley local, estatal o federal.

CESE DE LOS BENEFICIOS DE INCAPACIDAD

Sección 513

Existe una diferencia entre el cese y la *terminación* de los beneficios de incapacidad. El cese de los beneficios ocurre cuando el Seguro Social determina que usted ya no está totalmente incapacitado(a) bajo la definición establecida de incapacidad. (véase la Sección 502.) La terminación de beneficios ocurre dos meses después del cese de la incapacidad.

El Seguro Social dirige evaluaciones periódicas de muchos casos de incapacidad a fin de reconsiderar la condición médica del beneficiario. Si, después de la evaluación médica, el Seguro Social determina que su condición no lo incapacita totalmente, entonces se determina el cese de su incapacidad. Como parte del procedimiento de la SSA, usted debe recibir un aviso sobre esta determinación. Si no lo recibe, su condición de incapacidad no cesará hasta el momento en que usted reciba dicho aviso.

Ejemplo: Supongamos que la SSA lleva a cabo una evaluación médica sobre su caso y determina que, en base a sus expedientes médicos, su incapacidad ha cesado a partir del 19 de junio de 2001. Sin embargo, debido a problemas administrativos, usted no recibe la carta hasta agosto de 2001. Las normas de la SSA indican que la fecha oficial del cese de su condición de incapacidad es agosto, debido a que éste fue el mes en que usted recibió el aviso, en lugar de junio que fue el mes en que el Seguro Social determinó que su condición médica no es causa de incapacidad total.

NOTA: *Si usted tiene derecho a un período probatorio de trabajo (véase la Sección 509), toda actividad laboral será considerada trabajo sustancial y lucrativo hasta que pasen nueve meses del período probatorio de trabajo. Usted podrá tener derecho a recibir más beneficios durante los meses en que no trabaje. (véase la Sección 510.)*

NOTA: *No todo tipo de actividad laboral se considera trabajo sustancial y lucrativo. (véase la Sección 504.)*

REVISIÓN DE CONTINUACIÓN DE INCAPACIDAD
Sección 514

La SSA lleva a cabo evaluaciones periódicas de los casos de incapacidad a fin de determinar si usted se encuentra trabajando o si su condición médica ha cambiado. Algunos casos se evalúan con mayor frecuencia que otros, y algunos casos no se evalúan nunca. Todo depende de la naturaleza de la incapacidad. Cuando se otorgan los beneficios, por lo regular, se establece la fecha para una futura evaluación.

Usted será notificado cuando se vaya a llevar a cabo una evaluación de su caso y, por lo regular deberá acudir a la oficina de distrito para brindar información actualizada sobre cualquier tipo de actividad laboral que pueda estar realizando, los nombres de los médicos que lo (la) hayan atendido y cualquier período reciente de hospitalización. La SSA podría someterlo a un examen a cargo de un médico asesor a expensas del Seguro Social.

Si usted no coopera con esta evaluación, el Seguro Social cuenta con la autoridad de interrumpir sus beneficios.

CONDICIÓN DE ASEGURADO: EL REQUISITO DE TRABAJO 6

EL REQUISITO DE TRABAJO EN GENERAL

Sección 601

Para tener derecho a recibir cualquier tipo de beneficios del Seguro Social, ya sea usted o la persona sobre la base de cuyas ganancias usted solicita beneficios deberá haber trabajado durante un cierto período de tiempo con cobertura del Seguro Social. Casi todos los empleos en EE.UU. están ahora cubiertos. Al requisito de trabajo se lo llama *condición de asegurado*.

Existen diferentes tipos de condiciones de asegurado, dependiendo del tipo de beneficios que se esté reclamando. Para la mayor parte de los beneficios se requiere la condición de estar *totalmente asegurado*. (véase la Sección 602.) Para recibir beneficios en calidad de viudas jóvenes (véase la Sección 204.5) e hijos sobrevivientes se requiere la condición de *actualmente asegurado*. (véase la Sección 603.) A efectos de cobrar beneficios de seguro de incapacidad (véase la Sección 203) se requiere la condición de *asegurado por incapacidad*. (véase la Sección 604.)

Los dependientes y sobrevivientes son elegibles en base a su relación con un trabajador asegurado. Para ellos no hay requisito de trabajo. La persona sobre la base de cuyos registros se reclaman los beneficios debe cumplir los requisitos pertinentes en cuanto a su condición de asegurado.

Los requisitos de elegibilidad para los distintos tipos de beneficios se enumeran y describen en las Secciones 202-207.2. En la sección dedicada a cada uno de estos beneficios se indica la condición de asegurado que corresponde a dicho seguro en especial.

El requisito de la condición de asegurado no afecta a la cantidad de beneficio. Establece un requisito de trabajo mínimo que debe cumplirse antes de que pueda pagarse cualquier beneficio. Una vez que se cumple dicho mínimo, se calcula la cantidad de beneficio sobre la base del promedio de las ganancias. (véase el Capítulo 7.)

Si usted tiene su propia condición de asegurado y también califica como dependiente o sobreviviente, usted podrá tener derecho a ambas cuentas. (véase el Capítulo 3.)

La condición de asegurado se obtiene al ganar suficientes trimestres de protección. (véase la Sección 605.1.) Se trata de los trimestres del año calendario por los cuales se otorga crédito ahora, sobre la base de ciertas ganancias mínimas obtenidas durante el año.

CONDICIÓN DE TOTALMENTE ASEGURADO
Sección 602

Para la mayoría de los beneficios se requiere la condición de *totalmente asegurado*. Para estar totalmente asegurado usted deberá ganar un trimestre de protección (véase la Sección 605.1) para cada año después de 1951 hasta el año en que cumpla 62 años inclusive (para obtener beneficios de jubilación), quedar incapacitado (para beneficios del seguro de incapacidad) o morir (para beneficios destinados a los sobrevivientes).

NOTA: *Existe un requisito adicional para recibir beneficios del seguro de incapacidad (véase la Sección 604) y que ciertos beneficios para los sobrevivientes no requieren la condición de totalmente asegurado. (véase la Sección 603.) En cuanto a beneficios para sobrevivientes y de incapacidad, las normas son diferentes para el trabajador que nació después del 1 de enero de 1930. En ese caso, en vez de 1951, se utiliza el año en que cumplió 22 años de edad.*

El Seguro Social considera que una persona llega a determinada edad un día antes del correspondiente cumpleaños. Por ejemplo, si usted cumple años el 1 de enero de 2001, se considera que usted cumple 62 años de edad el 31 de diciembre de 2000. Por lo tanto, si su cumpleaños es el 1 de enero, a efectos de determinar la condición de asegurado, usted cumplirá 22 o 62 años en el año anterior al año correspondiente.

A efectos de cobrar beneficios en calidad de esposa, viuda o hijo, usted no tiene que cumplir usted mismo los requisitos de trabajo. Lo que se exige es que usted sea cónyuge, viudo(a) o hijo(a) del trabajador que cumpla los requisitos.

El número mínimo de trimestres de protección requeridos en todo caso es de seis. La cantidad máxima es 40.

A fin de calcular los trimestres que se requieren para los beneficios de jubilación, reste 1951 del año en el cual usted cumple 62 años de edad. En cuanto a beneficios en calidad de sobreviviente o de incapacidad, utilice el año de la muerte o del comienzo de la incapacidad (véase la Sección 506) en vez del año en que cumple 62 años si es anterior, y el año en el que cumple 22 años en vez de 1951 si es posterior.

En el Apéndice 2 figura una tabla en la que se enumeran las diferentes circunstancias respecto a la condición de totalmente asegurado, dependiendo del año en que uno cumpla 62 años, quede incapacitado o muera. Se aplica a aquellas personas nacidas el 1 de enero de 1930 a antes de tal fecha.

Ejemplo: John nació el 11 de agosto de 1950. Quedó incapacitado el 5 de junio de 1994. Le sumamos 22 al año de nacimiento (22+1950=1972). John cumplió 22 años en 1972. Restamos 1972 del año en el cual comenzó su incapacidad (1994-1972=22). A John le hacen falta 22 trimestres de protección (véase la Sección 605.1) a fin de cumplir el requisito de estar "totalmente asegurado." (véase la Sección 604.)

CONDICIÓN DE ACTUALMENTE ASEGURADO
Sección 603

Este tipo de condición de asegurado requiere menos trimestres de protección (véase la Sección 605.1) que la condición de totalmente asegurado. (véase la Sección 602.) Sin embargo, sólo algunos tipos de beneficios pueden otorgarse en base a la condición de actualmente asegurado. Estos beneficios son los siguientes:

- Beneficios para hijos sobrevivientes (véanse las Secciones 205.1-205.4);

- Beneficios para las madres (véase la Sección 208, a estos beneficios se los denomina también *beneficios para viudas jóvenes*);

- Beneficio de pago global por muerte (véase la Sección 207.2); y

- Medicare para casos de insuficiencia renal. (véase la Sección 207.3.)

Un trabajador debe ganar por lo menos seis trimestres de protección (véase la Sección 605.1) dentro del período de 13 trimestres calendario que finaliza el trimestre calendario de su muerte. Los trimestres calendario son los siguientes: primer trimestre: enero, febrero y marzo; segundo trimestre: abril, mayo y junio; tercer trimestre: julio, agosto y septiembre; cuarto trimestre: octubre, noviembre y diciembre.

A fin de determinar este período, considere el trimestre y el año de la muerte y reste tres del año; el período trimestral comienza con el trimestre del año resultante que corresponda al trimestre de la muerte.

Ejemplo: John murió el 15 de mayo de 2001. Esta fecha cae en el segundo trimestre de 2001. Le restamos 3 a 2001 y la diferencia es 1998. El período de 13 trimestres comienza con el segundo trimestre de 1998 y finaliza con el segundo trimestre de 2001. Si Jim ganó seis trimestres de protección (véase la Sección 605.1) durante ese período, incluidos los trimestres de comienzo y finalización, está actualmente asegurado.

CONDICIÓN DE ASEGURADO POR INCAPACIDAD
Sección 604

La elegibilidad para cobrar los beneficios del seguro de incapacidad (véase la Sección 203) requiere una condición especial de "asegurado por incapacidad". Usted debe estar totalmente asegurado (véase la Sección 602) y cumplir un segundo requisito, relacionado con los trimestres de protección. (véase la Sección 605.1.) Este segundo requisito registra diferencias y éstas dependen del momento en que usted quedó incapacitado.

Si usted quedó incapacitado en el trimestre calendario durante el cual cumplió 31 años de edad o después de dicho trimestre, deberá tener por lo menos 20 trimestres de protección (véase la Sección 605) durante el período de 40 trimestres que finalice el trimestre en el cual comienza su incapacidad. (véase la Sección 505.) A fin de determinar ese período, reste 10 del año en el que comienza su incapacidad y comience por el primer trimestre posterior al trimestre del año resultante que corresponda al trimestre en que comenzó su incapacidad.

Ejemplo: John quedó incapacitado el 5 de septiembre de 2001. Corría el tercer trimestre de 2001. Restando 10 del año el resultado es 1991. El trimestre correspondiente en dicho año es el tercer trimestre. El período de 40 trimestres comienza el primer trimestre siguiente al trimestre correspondiente. Por consiguiente, dicho período comienza el cuarto trimestre de 1991 y finaliza el tercer trimestre de 2001. Si John tiene 20 trimestres de protección dentro de este período, incluidos el primero y el último, cumplirá la segunda parte del requisito para que se le reconozca la condición de "asegurado por incapacidad".

Algunas veces, a tal requisito se lo conoce como la regla de los "cinco años" o de los "cinco años de cada diez". Estas expresiones confunden un poco. Aunque 20 trimestres sean cinco años y 40 trimestres sean 10 años, el requisito legal se basa en los semestres no los años. Los 20 trimestres requeridos no tienen que ser consecutivos, pueden ser espaciados. El período de 40 trimestres no siempre corresponde al comienzo y al final de los años calendario. Sería más preciso referirse a esta norma como la regla de los 20/40, dado que se refiere a los 20 trimestres que se requieren dentro de un período de 40 trimestres.

Si usted queda incapacitado antes del trimestre calendario en el que cumple 31 años, existe una alternativa a la regla de los 20/40. Usted deberá tener, en ese caso, un trimestre de protección (véase la Sección 605.1) por cada dos trimestres calendario en el período que comienza por el trimestre calendario posterior al trimestre calendario en el cual usted cumple 21 años y termina en el trimestre en el cual queda incapacitado. (véase la Sección 505.)

Si el número de trimestres de este período es un número impar, utilice el número impar inmediatamente inferior. Siempre se requiere un mínimo de seis trimestres de protección. Los trimestres de protección ganados antes de los 21 años de edad pueden utilizarse si son necesarios para cumplir este requisito.

Si usted quedó incapacitado antes de cumplir 31 años de edad y recibió beneficios en base a la alternativa a la regla de los 20/40 a la que acabamos de referirnos pero en aquel momento su incapacidad concluyó, y si queda discapacitado nuevamente después de cumplir los 31 años, usted cumplirá el requisito de la condición de asegurado por incapacidad. Lo cumplirá aunque no pueda satisfacer la regla de los 20/40, siempre que cuente con un mínimo de un trimestre de protección por cada dos trimestres calendario comenzando por el trimestre de la fecha en que usted volvió a quedar incapacitado. Usted deberá excluir todo trimestre—parcial o totalmente—incluido en el período anterior a la discapacidad, excepto el trimestre del comienzo y el del final, si son trimestres de protección.

En todos los casos usted deberá estar totalmente asegurado. (véase la Sección 602.)

TRIMESTRES DE PROTECCIÓN

Sección 605

❏ Sección 605.1 Trimestres de protección en general

Un trimestre de protección es un trimestre calendario por el cual el Seguro Social le otorga crédito, con el fin de decidir si una persona ha trabajado el tiempo suficiente para tener derecho a recibir beneficios. (véase la Sección 601.) Para obtener crédito es necesario haber ganado una cantidad mínima en salarios de empleos o trabajo por cuenta propia cubiertos por el Seguro Social. En la actualidad casi todos los empleos y trabajos por cuenta propia están cubiertos por el Seguro Social. La cantidad de ganancias requeridas para obtener crédito ha cambiado. En las siguientes secciones de este capítulo se discuten las reglas aplicables al respecto.

❑ Sección 605.2 Trimestres de protección—Anteriores a 1978 (para empleados)

En los años anteriores a 1978 el trabajador recibía un trimestre de protección por cada trimestre calendario durante el cual se le hubiera pagado $50 o más. No importaba cuándo habían sido ganado los sueldos o salarios. El trimestre de protección se asigna al trimestre en el cual le pagaron a usted su sueldo o salario. Sin embargo, si la cantidad que le pagaron significaba que usted estaba recibiendo las máximas ganancias anuales sujetas al Seguro Social (el máximo de FICA), a usted le otorgaron crédito para los cuatro trimestres de ese año, aunque las ganancias le fueran pagadas en menos de cuatro trimestres. Los máximos anuales de FICA figuran en el Apéndice 3.

Existe una regla especial que se aplica a los trabajadores agrícolas para los años anteriores a 1978. En vez de la regla de los $50 por trimestre, a cada trabajador agrícola se le concedió un trimestre de protección por cada $100 en salarios pagados durante un año, independientemente del trimestre en el cual hubieron sido pagados los salarios. Los trimestres de protección se asignaron a partir del último trimestre calendario y a partir de ese punto contando hacia atrás.

A partir de 1978, han sido modificadas las reglas para todos los empleados. (véase la Sección 605.3.) Estas reglas siempre han sido diferentes para quienes trabajan por cuenta propia. (véase la Sección 605.4.)

❏ Sección 605.3 Trimestres de protección—Posteriores a 1977 (para empleados)

A partir de 1978, los trimestres de protección se asignan sobre la base del total de las ganancias anuales, en vez de las ganancias obtenidas en un trimestre calendario. Cierta cantidad ha sido designada para cada año, y se acredita un trimestre de protección por cada múltiplo de dicha cantidad, la cual se paga durante el año. Estas cantidades se indican en el Apéndice 2, cuadro 1.

Ejemplo: En 1984, a John le pagaron $800, cuando el múltiplo requerido era $390. Le acreditaron dos trimestres de protección porque sus ganancias alcanzaban un mínimo de dos múltiplos de $390 pero menos de tres múltiplos. A Jim le pagaron $1600 en 1984. Recibe cuatro trimestres de protección porque sus ganancias alcanzaron un mínimo de cuatro múltiplos de $390.

Por cada año calendario no se otorgan más de cuatro trimestres de protección. No se puede asignar un trimestre de protección por ningún trimestre que todavía no haya comenzado ni por ningún trimestre que comience después de la muerte del trabajador.

❏ Sección 605.4 Trimestres de protección para quienes trabajan por cuenta propia

El método para calcular los trimestres de protección para las personas que trabajan por cuenta propia es distinto al que se utiliza para los empleados. Antes de 1978, la persona que trabajaba por cuenta propia recibía cuatro trimestres de protección por cada año si sus ganancias netas obtenidas a través del trabajo por cuenta propia ascendían a $400 o más. Si las ganancias netas del trabajo por cuenta propia eran de menos dinero, la persona que trabajaba por cuenta propia no recibía ningún trimestre de protección. Las alternativas eran todo o nada. A partir de 1978 las normas cambiaron. Para 1978 y todos los años posteriores, la persona que trabaja por cuenta propia recibe trimestres de protección en base al monto del total de las ganancias anuales, de la misma manera que los empleados.

Sin embargo, para obtener trimestres de protección la persona que trabaja por cuenta propia debe aun obtener ganancias netas mínimas de $400 a través del trabajo por cuenta propia.

Ejemplo: John trabaja de plomero en la Smith Plumbing Company. En 1978 ganó $350 en concepto de salarios. Recibe un trimestre de protección porque la cantidad que ganó supera el mínimo de las ganancias requeridas para obtener un trimestre de protección según se indica en la Sección 605.3.

No obstante, John es un plomero que trabaja por cuenta propia. En 1978 sus ganancias netas del trabajo por cuenta propia fueron de $375. No recibe trimestres de protección aunque sus ganancias netas del trabajo por cuenta propia superan las ganancias mínimas que se requieren para un empleado.

Si en 1978 hubiera ganado $400 en concepto de ingresos del trabajo por cuenta propia, habría recibido un trimestre de protección. Si en 1977 hubiera obtenido $400 en concepto de ganancias netas del trabajo por cuenta propia, habría recibido cuatro trimestres de protección.

Si usted a la vez es empleado y trabaja por cuenta propia, sume el total de sus ganancias como empleado y sus ganancias netas del trabajo por cuenta propia, a efectos de determinar cuantos trimestres de protección recibirá, utilizando la regla que se describe en la Sección 605.3. Sin embargo, para incluir ganancias netas del trabajo por cuenta propia en el total anual, tales ganancias deben alcanzar un total de por lo menos $400. Si las ganancias netas no llegan a dicha cifra no se suman al total.

Ejemplo: John trabaja de plomero por cuenta propia y ocasionalmente trabaja como empleado en la Smith Plumbing Company. En 1978 obtuvo $400 en concepto de trabajo por cuenta propia y $350 en salarios. Combinando ambas sumas el total es $750. Recurriendo a la regla indicada en la Sección 605.3, gana tres trimestres de protección. Si se intercambiaran los totales que obtiene a través de salario y del trabajo por cuenta propia el resultado sería muy diferente.

Si hubiera recibido $400 en salarios y solamente $350 del trabajo por cuenta propia, le correspondería únicamente un trimestre de protección. Las ganancias netas del trabajo por cuenta propia son de menos de $400 y no se suman para nada; sólo cuenta su salario. Dado que sus salarios alcanzan solamente a un múltiplo del mínimo requerido para 1978 ($250), John recibe sólo un trimestre de protección.

CANTIDADES DE BENEFICIO 7

CANTIDADES DE BENEFICIO EN GENERAL

Sección 701

Por razones obvias, a todos nosotros es importante saber de qué manera la cual la Administración de Seguro Social (SSA) calcula la cantidad de beneficios que debe pagarse es muy importante para todos. En este capítulo vamos a describir las reglas que se utilizan para el cálculo de beneficios. Vamos a explicar el cálculo básico, las revisiones de los cálculos (recálculo) debido a las ganancias obtenidas después de que usted tuviera derecho a beneficios por primera vez, las reducciones por edad y por tener derecho a otros beneficios, y los créditos otorgados por aplazar la fecha de jubilación (jubilación demorada). Las deducciones debido a ganancias se explican detalladamente en el Capítulo 8.

CÁLCULOS

Sección 702

❏ Sección 702.1 La cantidad de seguro primario

El primer paso para el cálculo de beneficios consiste en determinar la cantidad de seguro primario (PIA, Primary Insurance Amount). Todos los beneficios se basan en esta cantidad. Las cantidades de beneficios para un trabajador jubilado a la edad de 65 años y para un trabajador incapacitado son equivalentes a la PIA. Se reduce por beneficios de jubilación anteriores a los 65 años de edad y aumenta al demorar la jubilación.

Los beneficios para los cónyuges, hijos y sobrevivientes se calculan como porcentaje de la PIA. La PIA es el concepto más importante para el cálculo de las cantidades de beneficio.

❏ Sección 702.2. La fórmula básica para los cálculos

La PIA se basa en las ganancias del trabajador sobre cuya cuenta se reclaman beneficios. Las cifras de PIA correspondientes a los trabajadores con ganancias máximas, altas, promedio y bajas durante su vida se indican en el Apéndice 4.

Existe una fórmula básica para calcular casi todas las cifras de PIA. Algunas fórmulas especiales que se utilizan raramente se indican en la Sección 702.3. La fórmula básica se describe en esta sección, pero es sumamente complicada y casi siempre la efectúan las computadoras de la SSA, en vez de hacer los cálculos a mano.

Las enmiendas a la Ley de Seguro Social implementadas en 1978, pusieron en práctica el ajuste (o "indexación") de las ganancias para ajustar las ganancias de años anteriores de acuerdo al índice de inflación actual. El primer paso de la fórmula de cálculo básico consiste en ajustar las ganancias anuales del trabajador obtenidas durante los últimos años. Las ganancias de cada año se ajustan por separado.

Para hacerlo así, la SSA determina, en primer lugar, el año de ajuste. Para los casos de jubilación, dicho año es el segundo año antes del año en el cual el trabajador cumple 62 años de edad (no necesariamente el año de su jubilación). Para los casos de incapacidad, y para los casos de sobrevivientes dicho año es dos años anterior al año de la muerte. Por ejemplo, si un trabajador que cumple 62 años queda incapacitado o muere en 2001, el año de ajuste es 1999.

La SSA determina, entonces, el *promedio anual de ganancias* de todos los trabajadores para el año de ajuste y para cada uno de los años posteriores a 1950. Después divide el promedio de ganancias de todos los trabajadores para cada uno de los años anteriores. Luego multiplica la respuesta para cada año por la cantidad de las ganancias del trabajador durante ese año anterior (pero no más de la cantidad máxima de FICA para dicho año). El resultado son las ganancias ajustadas para cada año anterior. Este proceso se aplica a todos los años posteriores a 1950 hasta el año de ajuste (pero sin incluir el año de ajuste). Para el año de ajuste y los años posteriores al año de ajuste la SSA utiliza las ganancias reales, no las ganancias ajustadas.

Después de que hayan sido ajustadas las ganancias de todos los años (excepto en las del mes del ajuste y los años posteriores), la SSA determina cuántos años utilizar para el cálculo.

Para las personas nacidas antes de 1930, reste 1951 del año en el cual cumple 62 años de edad, el año en que quedó incapacitado o el año de la muerte, de éstos el que sea anterior. (Las personas que quedaron incapacitadas a los 64 años de edad deberán aun restar 1951 del año en que cumplieron 62 años, porque es anterior al año de comienzo de la incapacidad.)

Respecto a las personas nacidas en 1930 o después de dicho año, añada 22 al año del nacimiento. Reste ese número del año en que cumpla 62 años, el año en que quedó discapacitado o el año de la muerte. En el caso de los beneficios de jubilación o de sobrevivientes, reste cinco. El resultado es el número de años utilizado, y se le llama *años computables*.

Respecto a beneficios de incapacidad:

- si su incapacidad comienza a los 26 años de edad o antes, no reste ningún número adicional;

- si comienza entre los 27 y los 31 años de edad, reste 1;

- si comienza entre los 32 y los 37 años de edad, reste 2;

- si comienza entre los 37 y los 42 años de edad, reste 3;

- si comienza entre los 42 y los 46 años de edad, reste 4;

- si comienza a los 47 o más años, reste 5.

El número mínimo de años computables que se utiliza es dos. El número máximo de años computables es 35.

Ejemplo: John cumplió 65 años de edad en 1997. Esto significa que en 1994 cumplió 62 años. Reste 1954 de 1994. El resultado es 40. Después deduzca 5. El resultado es 35. Utilice 35 años computables para calcular la cantidad de PIA que le corresponde a John.

Ejemplo: Bill nació en 1947 y murió en 1993. Sume 22 a 1947. El resultado es 1969. Reste 1969 de 1993. La respuesta es 24. Deduzca 5. Utilice 19 años computables.

Ejemplo: Joe nació en 1951 y quedó incapacitado en 1994 a la edad de 43 años. Cumplió 22 años en 1973. Reste 1973 de 1994. La respuesta es 21. Deduzca 4. Utilice 17 años computables.

Tras determinar la cantidad de años computables, la SSA considera las ganancias ajustadas anuales calculadas como se describió anteriormente, desde 1951 hasta el año anterior al año para el cual se calculan los beneficios. En los casos de sobrevivientes se puede incluir el año de la muerte. Tome los años computables con las ganancias ajustadas más altas y súmelos al total de ganancias ajustadas para aquellos años computables.

Al recalcular los beneficios de jubilación para incluir las ganancias obtenidas después de tener derecho a la jubilación, el número de años computables es el mismo. Si las ganancias para el nuevo año son más altas que las ganancias ajustadas del año más bajo utilizado en el primer cálculo, utilice las ganancias del nuevo año. Cuando usted sume al total las ganancias del nuevo año, deberá restar las ganancias ajustadas del año más bajo.

Una vez que la SSA haya determinado el total de las ganancias ajustadas para los años computables, lo dividen por el número de meses de los años computables. A dichos meses se los llama *meses divisores*. El número de meses computables multiplicado por 12 es equivalente a los meses divisores que se utilizan.

El total de las ganancias ajustadas para los años computables utilizados, dividido entre los meses divisores, redondeado a la cifra en dólares exacta inmediatamente más baja, es equivalente al *promedio de ganancias mensuales ajustadas.*

La cifra de PIA asciende a un cierto porcentaje del promedio de ganancias mensuales ajustadas. Esto varía dependiendo del promedio de ganancias mensuales ajustadas y el año para el cual se hacen los cálculos. Por ejemplo, para 1992, los porcentajes son los siguientes: el 90% de los primeros $387, más el 32% del excedente que supere los $387 hasta $2,333 del promedio de ganancias mensuales ajustadas, más el 15% del promedio de ganancias mensuales ajustadas que superen los $2,333.

Las cifras en dólares para las cuales cambian los porcentajes se llaman *puntos de variación* (bend points). Los porcentajes (90%, 32% y 15%) siguen siendo los mismos para cada año, pero los puntos de variación cambian anualmente. Se determinan dividiendo el promedio del total anual de los salarios ajustados de todos los trabajadores entre el promedio total para 1977 ($9779,44), y multiplicando el resultado por $180 y $1,085 para obtener los dos puntos de variación.

Los puntos de variación utilizados dependen del primer año de elegibilidad (por ejemplo, el año en el cual el trabajador cumple 62 años de edad, queda discapacitado o muere) y siguen siendo aplicables para recalcular posteriormente, aunque los recálculos se efectúen en un año posterior.

Se añaden a la cifra de PIA ajustes por el costo de vida (véase la Sección 704.2), comenzando por el año de elegibilidad, a partir del mes del aumento.

Una vez que se ha calculado la cantidad de seguro primario, la cantidad de beneficio que debe pagarse se calcula de acuerdo con las reglas establecidas en este capítulo, y refiriéndose a las cantidades de beneficio indicadas para cada tipo de beneficio en el Capítulo 2.

❏ Sección 702.3 Otras fórmulas para el cálculo

La fórmula de cálculo básica que se explica en las secciones anteriores se aplica a casi todos los beneficiarios. Se utilizan otros cálculos en un pequeño número de casos, a los cuales vamos a referirnos brevemente.

Las enmiendas a la Ley de Seguro Social implementadas en 1977, modificaron la fórmula de cálculo básica para el método que se utiliza a efectos de determinar el promedio de *ganancias mensuales ajustadas*, como se explica en la Sección 702.2. El efecto general de este cambio consistió en tener en cuenta la inflación pero también redujo las cantidades de beneficio.

Respecto a los trabajadores que cumplieron 62 años de edad antes de 1984, el Seguro Social puede utilizar una fórmula diferente. Se trata de una fórmula llamada *garantía transicional para un nuevo comienzo* (new-start transitional guarantee). Sin embargo, al utilizar esta fórmula, el Seguro Social no agrega las ganancias del año en el cual usted cumplió los 62 años ni de los años posteriores. En esta fórmula no se utilizan las ganancias ajustadas sino las ganancias

149

reales. La fórmula de garantía transicional puede dar lugar a una cifra de PIA más alta en algunos casos en los cuales las ganancias del último año se registraron en 1980 o 1981.

Si usted ha tenido derecho a beneficios del seguro de incapacidad desde más de un año antes de adquirir derecho a recibir beneficios de jubilación, el año de su muerte en los casos de sobrevivientes, o un segundo período de incapacidad, recibirá la cifra de PIA más alta determinada a través de la fórmula de cálculo básica o el nivel de PIA sobre el cual se basaron para establecer su cantidad de beneficios de incapacidad. En otras palabras, su nivel de PIA no será más bajo que el que usted tenía en el momento en el que quedó incapacitado.

La SSA también utiliza otras fórmulas cuando después de 1951 se registran muy pocas ganancias o ninguna. No vamos a describir detalladamente esas otras fórmulas, pero usted deberá saber que podrían utilizarse. Como se indica anteriormente, sólo un pequeño número de personas obtendrá beneficios más elevados bajo esas otras fórmulas de cálculo. El Seguro Social automáticamente considera todas las fórmulas de cálculo y utilizará la que le reporte mayores beneficios.

❒ Sección 702.4 Las consecuencias de los años en los que no se hayan obtenido ganancias

Como se indica en la Sección 702.2, los años que se utilizan para calcular la cifra de PIA, son los años de 1951 o el año en el que usted cumple 21 años de edad, si es posterior, hasta el año anterior al año en el cual usted cumple 62 años de edad. Los cinco años más bajos se eliminan de ese período base.

Si usted tiene cinco años o menos sin que aparezcan ganancias en sus registros, no tendrán consecuencias en sus cálculos. Sin embargo, si usted tiene más de cinco años sin ganancias, en ese caso tendrán consecuencias, porque será menor el promedio general de las ganancias mensuales utilizado durante los cálculos.

Generalmente, si el año sin ganancias es un año posterior, tendrá más consecuencias que un año anterior. Tal cosa ocurre porque la cantidad de las ganancias cubiertas por el Seguro Social han aumentado con el correr de los años, de manera tal que las ganancias de los años recientes sujetas a FICA (véase el Apéndice 3) son muy altas, aunque el "ajuste" (véase la Sección 702.1) de alguna manera ha reducido las disparidades.

☐ Sección 702.5 Cómo verificar su cantidad de beneficio

En la gran mayoría de los casos, el Seguro Social calcula correctamente su cantidad de beneficio pero en algunas ocasiones se cometen errores. La equivocación más común consiste en no incluir las ganancias de un año dado. Si las ganancias no aparecen en sus registros, pueden afectar la cantidad del promedio mensual de sus ganancias y, por lo tanto, la cantidad de sus beneficios.

Si usted tiene dudas sobre la exactitud de su cantidad de beneficio, lo primero que se debe hacer es presentarse en la correspondiente oficina del Seguro Social y pedirles que le consignan una copia del registro de sus ganancias utilizado para el cálculo de sus beneficios. Este trámite puede llevar varias semanas o un mes.

Usted deberá verificar estos datos para asegurarse de que cada año se registran las ganancias correctas. Si en uno de los años no aparecen las ganancias, determine si significa una diferencia para el cálculo de sus beneficios. Si se trata de uno de los cinco años más bajos en el período de cálculo que se explica en la Sección 702.1, no tendría importancia.

La regla general es que usted puede corregir sus registros de ganancias solamente durante los últimos tres años. Sin embargo, existen excepciones a esta regla. (véase la Sección 1004.) Si usted tiene un año sin que aparezcan ganancias en sus registros y desde ese año ya han pasado más de tres años, usted puede solicitar al Seguro Social que vuelva a verificar (re-check) sus registros de la oficina de Baltimore. A este trámite se le llama scout.

Si las ganancias aparecen al efectuar el scout, sus beneficios serán reajustados. Si no aparecen, el Seguro Social podrá aún permitirle corregir sus registros de ganancias, si posee documentos que constituyan evidencia de ganancias, tales como formularios W-2, recibos de pagos de sueldos o salarios o una declaración de impuestos.

Si en sus registros figuran todas sus ganancias y aun así usted tiene dudas sobre la exactitud de sus beneficios, deberá pedirle a un representante de reclamaciones (véase la Sección 105) que le muestre, paso a paso, cómo se calculan sus beneficios.

REDUCCIONES

Sección 703

☐ Sección 703.1 Reducciones por edad - Beneficios antes de los 65 años de edad

En general

En el caso de beneficios de jubilación, de esposa anciana, viuda anciana y viuda incapacitada, su cantidad de beneficio se reducirá si usted recibe los beneficios antes de cumplir la edad de jubilación completa, la cual es de 65 años para los nacidos antes de 1938 (1940 para las viudas). La reducción se calcula mensualmente, no anualmente.

A partir de 2003 (pero afectando a quienes cumplen 62 años en 2000), la edad de jubilación completa aumentará gradualmente, en incrementos de dos meses por cada año, hasta llegar a los 66 años en 2009. A partir de ese año habrá una pausa de 11 años. Los incrementos continuarán a partir de entonces, hasta llegar a los 67 años en 2027.

Este cambio afectará a aquellas personas que cumplan 62 años de edad a partir de 2000. Como consecuencia de dicho cambio los beneficios que se pagan a la edad de 62 años se reducen más que anteriormente (en un 5/12 del 1% por cada mes extra).

El siguiente cuadro incluye la edad de jubilación completa para los trabajadores y los cónyuges nacidos después de 1937 (véase la sección respecto a las viudas en la página 161):

153

Si la fecha de nacimiento es...	La edad de jubilación completa es....
1/2/38-1/1/39	65 años y 2 meses
1/2/39-1/1/40	65 años y 4 meses
1/2/40-1/1/41	65 años y 6 meses
1/2/41-1/1/42	65 años y 8 meses
1/2/42-1/1/43	65 años y 10 meses
1/2/43-1/1/55	66 años
1/2/55-1/1/56	66 años y 2 meses
1/2/56-1/1/57	66 años y 4 meses
1/2/57-1/1/58	66 años y 6 meses
1/2/58-1/1/59	66 años y 8 meses
1/2/59-1/1/60	66 años y 10 meses
1/2/60 y fechas posteriores	67 años

Existen varias fórmulas de reducción para los beneficios de jubilación, de cónyuges y viudas. En las secciones siguientes se explicarán detalladamente.

Reducción por edad - Beneficios de jubilación

Si usted tiene derecho a beneficios de jubilación antes del mes en el cual cumple la edad de jubilación completa, la cantidad de sus beneficios deberá reducirse. El factor de reducción depende de los meses, no de los años, de manera que el primer mes del derecho a los beneficios es el mes anterior a cumplir la edad de jubilación completa, los beneficios se reducen en un mes. Si el primer mes desde que adquiere derecho a cobrar los beneficios es seis meses anterior a la edad de jubilación completa, se reducirá en seis meses, y así sucesivamente hasta la edad de 62 años.

El factor de reducción legal es de 5/9 del 1% de la cifra de PIA por cada mes de los primeros 36 meses en los que usted tenga derecho a recibir beneficios antes del mes en el que usted cumple la edad de jubilación completa. El factor por cada mes de reducción que supere los 36 meses es de 5/12 del 1%. Esto se aplica a las personas cuya edad de jubilación completa es de más de 65 años. Una reducción de 36 meses significa un 20%, pero hay que recordar que el factor de reducción se calcula por mes, no por año.

Ejemplo: Si usted nació en septiembre de 1934, cumplió los 65 años en septiembre de 1999. Si su derecho a los beneficios comenzó en enero de 1998, su cifra de PIA disminuye en 20 meses de reducción porque ese es el número de meses antes del mes en el cual usted cumple 65 años de edad. Si su cifra de PIA es de $500.00, el 1% serían $5.00. 5/9 del 1% son $2.77. Multiplique esta cantidad por el número de meses de reducción. 20 multiplicado por $2.77 es igual a $55.40. La cantidad de beneficios mensuales es de $500.00 menos $55.40, o sea $444.60.

Tenga en cuenta que si su edad de jubilación completa es mayor de 65 años (véase el cuadro anterior), se aplicarán reducciones extra por cada mes que exceda de 36. La cantidad real que le será pagada a usted se redondea a la próxima cifra exacta en dólares ($444.00). (véase la Sección 705.7.)

Un tercer método para el cálculo de beneficios reducidos consiste en utilizar el factor de reducción indicado en el cuadro del Apéndice 5. El factor para 20 meses de reducción es .888. Utilizando el ejemplo anterior, multiplique .888 por 500 (la cifra de PIA) y obtendrá la cantidad de beneficio mensual de $444.

Podrá observar que existen discrepancias menores en los resultados obtenidos utilizando las fórmulas anteriormente indicadas. La primera fórmula es de la Ley del Seguro Social, la segunda es la que usa el Seguro Social y la tercera es la que publican en los folletos del Seguro Social.

Tenga en cuenta que toda reducción por edad sigue vigente hasta que usted cumpla 65 años. En ese momento, el factor de reducción se reajusta para excluir toda reducción por los meses anteriores a la edad de 65 años para los cuales usted no recibe beneficios mensuales completos. (véase la Sección 704.4.) Si usted recibe todos los beneficios mensuales, la reducción sigue vigente de por vida.

Reducción por edad—Beneficios para los cónyuges

Los beneficios que se le pagan al cónyuge de un trabajador jubilado o incapacitado se reducen si el derecho del cónyuge a cobrar beneficios comienza antes del mes en el cual el cónyuge cumpla la edad de jubilación completa. Consulte la sección anterior en lo que se refiere a los beneficios de jubilación para las nuevas reglas sobre las personas que cumplen 62 años de edad en 2000.

Los meses de reducción extra se aplican para los meses que excedan de 36. El factor de reducción que se aplica a estos meses excedentes respecto a los beneficios para los cónyuges es el mismo que se utiliza para los beneficios de jubilación, por ejemplo: 5/12 del 1%.

NOTA: *Si la esposa tiene derecho a recibir beneficios porque tiene un hijo bajo su cuidado (véase la Sección 207.8), no se aplica la reducción por edad.*

Los beneficios para el cónyuge se reducen solamente para el cónyuge que tiene derecho a recibirlos debido a su edad. Si el cónyuge ha trabajado bajo el Seguro Social y tiene derecho a beneficios de jubilación con cargo a su propia cuenta, véase la Sección 302.

La fórmula del factor de reducción aplicable a los beneficios para el cónyuge es de 25/36 del 1% de la mitad de la cifra de PIA del trabajador para cada uno de los primeros 36 meses en que tenga derecho a recibir beneficios como cónyuge antes de cumplir la edad de jubilación completa, y 5/12 del 1% para los meses que excedan de 36.

El factor de reducción se calcula por meses, no por años, de manera que la diferencia entre cobrar beneficios reducidos cuando usted tiene 62 años y 11 meses y cobrarlos cuando cumple exactamente 63 años significa un mes adicional del factor de reducción.

Ejemplo: Wanda tiene 63 años de edad. Jamás trabajó bajo el Seguro Social. Su esposo tiene derecho a beneficios con una cifra de PIA de $600.00. Wanda adquiere derecho a cobrar beneficios como

157

cónyuge cuando le faltan 15 meses para cumplir 65 años.

A efectos de calcular su cantidad de beneficio tomamos la mitad de la cifra de PIA de su esposo ($600.00 dividido entre dos es igual a $300.00); el 1% de $300.00 es $3.00; y 25/36 de $3.00 es $2.08. Multiplique esta cantidad por 15 meses de reducción y el resultado es $31.20. Esta suma hay que restársela a $300.00, con lo cual la cantidad de beneficio mensual queda reducida a $268.80; esta cifra la redondeamos en $268.00, la cifra exacta en dólares inmediatamente inferior. (véase la Sección 705.7.)

Ejemplo: Ahora vamos a suponer que Wanda trabajó bajo el Seguro Social y tiene una cifra de PIA de $200.00. Sus beneficios se calcularían de la manera que se indica a continuación.

En primer lugar tomamos su cifra de PIA y la reducimos en 15 meses de reducción utilizando la fórmula descrita en la Sección 708. Los $200.00 se reducen debido a su edad, a $183.30, cifra que redondeamos a la cantidad exacta inmediatamente inferior, $183.00.

Entonces, determinamos la cantidad de beneficio del cónyuge y la reducimos. Dicha cantidad es de $100.00 (la diferencia entre la mitad de la cifra de PIA de su esposo y su propia cifra de PIA). Se reduce en 15 meses, utilizando la fórmula descrita en esta sección. Los $100.00 se reducen a $89.59, cantidad que redondeándola a la cifra exacta inmediatamente inferior asciende a $89.00.

Su cantidad de beneficio mensual se compone de sus propios beneficios reducidos, $183.00, más los beneficios reducidos para cónyuge, $89.00, con lo cual el total de beneficios mensuales que se le deben pagar es de $272.00.

En vez de utilizar la fórmula descrita anteriormente, se puede utilizar la fórmula que usa el Seguro Social. Dicha fórmula es 144 menos el número de meses de reducción, multiplicado por la mitad de la cifra de PIA del trabajador, dividida entre 144, redondeada a la cifra en dólares inmediatamente inferior, o $[(144\text{-RM})X1/2PIA]/144$. Utilice la diferencia entre la mitad de la cifra de PIA del cónyuge y su propia cifra de PIA, si usted es elegible para obtener tales beneficios con cargo a su propia cuenta.

Otro método para calcular los beneficios del cónyuge consiste en recurrir al uso del factor de reducción del cuadro incluido en el Apéndice 8. Multiplique la mitad de la cifra de PIA del trabajador por el factor de reducción correspondiente al número de meses de reducción.

Por ejemplo, el factor para 15 meses de reducción es .895. A fin de calcular los beneficios de Wanda en calidad de cónyuge según se indica en el ejemplo anterior (suponiendo que ella no tuviera derecho a beneficios sobre la base de sus propios registros) se multiplica 300 (la mitad de la cantidad del seguro primario del esposo) por .895, para obtener los beneficios reducidos en calidad de esposa, $268.50, y redondeando dicha cifra quedan $268.00.

Recuerde que la reducción sigue en vigor para todos los meses anteriores a cumplir los 65 años de edad, pero después se reajusta para excluir toda reducción para cada uno de los meses anteriores a los 65 años por los cuales no se hubieran pagado beneficios mensuales completos. (véase la Sección 704.4.) Si se pagan todos los beneficios anteriores a los 65 años de edad, la reducción sigue en vigor de por vida.

La cantidad máxima de la reducción por edad basada en los 36 meses de reducción es el 25%.

Reducción por edad—Beneficios para las viudas

A las viudas que tienen derecho a cobrar beneficios debido a su edad se les reduce su cantidad de beneficio por cada mes anterior a cumplir la edad de jubilación completa para la cual tienen derecho a beneficios. Una viuda incapacitada menor de 60 años de edad recibe la misma cantidad de beneficio que una viuda de 60 años de edad. Respecto a los beneficios que se pagan antes de enero de 1984, las viudas que tenían derecho a cobrar beneficios como viudas incapacitadas antes de cumplir los 60 años de edad tienen una reducción adicional de 43/240 del 1% para cada mes con derecho a cobrar beneficios antes de los 60 años de edad.

Comenzando por aquellas personas nacidas en 1940 y después de dicho año, se aplicarán meses de reducción adicionales porque la edad requerida para jubilarse aumentó más allá de los 65 años. Véanse las explicaciones al respecto al comienzo de esta sección. La edad de jubilación completa aplicable a las viudas depende del año d nacimiento, de conformidad con el siguiente cuadro:

Si la fecha de nacimiento es... La edad de jubilación completa es....

1/2/40-1/1/41	65 años y 2 meses
1/2/41-1/1/42	65 años y 4 meses
1/2/42-1/1/43	65 años y 6 meses
1/2/43-1/1/44	65 años y 8 meses
1/2/44-1/1/45	65 años y 10 meses
1/2/45-1/1/57	66 años
1/2/57-1/1/58	66 años y 2 meses
1/2/58-1/1/59	66 años y 4 meses
1/2/59-1/1/60	66 años y 6 meses
1/2/60-1/1/61	66 años y 8 meses
1/2/61-1/1/62	66 años y 10 meses
1/2/62 y fechas posteriores	67 años

La fórmula aplicable a los beneficios para viudas que se especifica en la Ley de Seguro Social es una reducción de 19/40 del 1% de la cifra de PIA por cada mes anterior a la edad de jubilación completa en el momento en que se adquiera el derecho a recibir beneficios. Esto significa una reducción del 28 y 1/2% a los 60 años de edad para las personas nacidas antes de 1940. Este índice aumentará al 0.95% por cada dos meses de meses de reducción adicionales, aplicables a los nacidos a partir de 1940, de acuerdo al cuadro.

El factor de reducción se basa en la cantidad de meses anterior a cumplir la edad de jubilación completa, no el número de años. Por ejemplo, si usted recibe beneficios en calidad de viuda a la edad de 62 y 1/2%, los beneficios disminuirán en 30 meses de reducción.

La formula utilizada por el Seguro Social para calcular la cantidad de beneficios en calidad de viuda es la siguiente: 4,000 menos (número de meses de reducción multiplicado por 19), multiplicado por la cifra de PIA, dividido entre 4,000, o [4,000-(19xmeses de reducción)xPIA]/4,000.

Independientemente de la cantidad que se obtenga utilizando una fórmula de reducción, los beneficios en calidad de viuda nunca pueden ser mayores que la cantidad de beneficio que hubiera recibido el esposo en vida, en caso de haber tenido el derecho a cobrar beneficios.

Ejemplo: Si el esposo comenzó a cobrar beneficios reducidos exactamente a los 62 años de edad, su cifra de PIA experimentó una reducción. La viuda no puede recibir una cantidad mayor de la que recibió su esposo en vida, aunque tenga derecho a cobrar beneficios cuando cumpla la edad de jubilación completa.

De la misma manera, todo crédito adicional por jubilación demorada (véase la Sección 704.6) se añade a los beneficios en calidad de viuda.

Ejemplo: Si el esposo tenía una cantidad de seguro primario de $500.00, la cual registró un aumento del 3% debido a jubilación demorada, los beneficios en calidad de viuda se calcularían en base a $515.00, la cantidad con el aumento incluido. A la edad de jubilación completa, el factor de reducción se reajusta para excluir toda reducción por un mes anterior a la edad de jubilación completa por el cual no se hubieran pagado beneficios mensuales completos. (véase la Sección 704.4.)

NOTA: *A las viudas también se les hace un reajuste del factor de reducción de sus beneficios al cumplir 62 años. (véase la Sección 704.5.)*

En qué medida la reducción de sus beneficios de jubilación influirá en otros beneficios

Si usted cobra beneficios de jubilación antes de los 65 años de edad y, por lo tanto, tales beneficios se reducen debido a su edad, esta reducción puede tener consecuencias respecto a otros beneficios que le deban pagar a usted u otras personas. El ejemplo más común al respecto es el de los beneficios para las viudas. Si usted recibe sus propios beneficios de jubilación reducidos y muere, la cantidad que su viuda puede recibir no puede ser mayor que la cantidad que usted estaba recibiendo en vida, aunque en el momento en que tenga derecho para cobrar beneficios por primera vez tenga más de 65 años de edad. Sin embargo, ella cobrará los aumentos que le correspondan por el aumento del costo de vida que sean aprobados después de su muerte.

Si en el momento en el cual usted solicita beneficios de jubilación reducidos, usted es potencialmente elegible para recibir beneficios en calidad de cónyuge con cargo a la cuenta del esposo o la esposa, deberá usted también solicitar beneficios reducidos en calidad de cónyuge, aunque no se le puedan pagar beneficios reales porque su esposo o su esposa no tengan suficientes ganancias en sus registros. Esta disposición se aplica solamente si en el momento en que usted presenta su solicitud para obtener beneficios de jubilación reducidos su cónyuge tiene derecho a cobrar beneficios de jubilación o incapacidad.

Ejemplo: Su cónyuge cumplió 65 años de edad el año pasado y tiene derecho a cobrar beneficios de jubilación y Medicare. Sin embargo, debido a la baja cuantía de sus ganancias, no se le podrán pagar beneficios.

Usted ahora tiene 62 años y presenta una solicitud para cobrar sus propios beneficios de jubilación reducidos. El Seguro Social requerirá que usted también presente una solicitud para recibir beneficios reducidos en calidad de cónyuge, si la mitad de la cifra de PIA que le corresponde a su cónyuge es mayor que su propia cifra de PIA, independientemente de que se le pueda o no pagar beneficios monetarios a usted en calidad de cónyuge (las ganancias de su cónyuge no influirán en el pago de sus propios beneficios).

Si su cónyuge se jubila dentro de dos años, los beneficios adicionales para el cónyuge se pagarán al nivel reducido vigente en el momento en el que usted solicitó por primera vez sus propios beneficios de jubilación, y no sobre la base de su edad en el momento en que se le pudieron pagar los beneficios por primera vez, hasta que cumpla 65 años, edad a la cual se ajusta la reducción. (véanse las Secciones 414 y 704.4.)

Si en el momento en que solicita beneficios de jubilación reducidos usted es potencialmente elegible para recibir beneficios como viuda, no necesariamente tiene que solicitarlos. Usted tiene la opción de recibir cualquiera de los dos tipos de beneficios reducidos (uno u otro) y al cumplir 65 años de edad puede cambiar y recibir el otro tipo de beneficios, sin reducciones. (véase la Sección 303.)

Si usted solicita beneficios de jubilación reducidos y tiene un cónyuge que pudiera tener derecho a cobrar beneficios con cargo a la cuenta de usted, la circunstancia de que sus beneficios se reduzcan debido a su edad no influye en cuanto a la cantidad de beneficio del cónyuge. Los beneficios del cónyuge se reducirán según su edad en el momento en que tenga derecho por primera vez a cobrar los beneficios. En cuanto a usted, su cifra de PIA experimentará una reducción por el número de meses que en ese momento le falten para cumplir 65 años de edad en el momento de tener derecho a cobrar beneficios por primera vez; respecto a su cónyuge, le corresponderá recibir la mitad de la cifra de PIA de usted, reducida por el número de meses que le falten para cumplir 65 años en el momento en que adquiera derecho a cobrar los beneficios. (véase la Sección 703.1.)

Si usted adquiere el derecho a recibir beneficios de incapacidad, la cantidad de esos beneficios se reducirá por el número de meses que usted hubiera recibido beneficios de jubilación antes de cobrar beneficios de incapacidad.

En qué medida cobrar beneficios reducidos en calidad de viuda afectará los beneficios sobre la base de sus propios registros

Si usted cobra beneficios en calidad de viuda antes de cumplir 65 años de edad, si usted nació después de 1928 los beneficios con cargo a su propia cuenta no se verán afectados. Al cumplir 65 años puede cambiar de tipo de beneficios y recibir sus propios beneficios de jubilación sin reducir, si dicha cantidad resulta ser mayor. Estos aspectos se explican con más detenimiento en la Sección 303.

Sin embargo, si usted no nació después de 1928 y cobra beneficios reducidos en calidad de viuda antes de cumplir 62 años de edad, esto podría tener consecuencias en lo que se refiere a sus propios beneficios de jubilación. La cantidad en dólares de dicha reducción se deducirá de su propia cifra de PIA a la edad de 65 años.

Si usted cobra beneficios en base a sus propios registros antes de cumplir 65 años de edad, sólo se le impondrá una reducción, ya sea la reducción regular para los beneficios de jubilación (véase la Sección 703.1), o la cantidad en dólares de la reducción para los beneficios en calidad de viuda, motivada por haber recibido beneficios en calidad de viuda en cualquier mes antes de cumplir los 62 años, de ambas cantidades la que sea mayor. (véase la Sección 704.5.)

☐ Sección 703.2 El tope máximo familiar

Si existen dependientes que tengan derecho a cobrar beneficios sobre la base de los registros de usted, hay una cantidad máxima que se le puede pagar a la unidad familiar, independientemente de las cantidades a la cual ascenderían los pagos completos para cada uno de los dependientes. A esa cantidad se la llama *tope máximo familiar.*

Una vez alcanzado el tope máximo familiar, no importa cuántos dependientes adicionales tengan derecho a beneficios con cargo a la cuenta, porque el total que se deba pagar en base a sus registros de ganancias no puede ser mayor del tope máximo familiar. Los beneficios de cada dependiente se reducen proporcionalmente, de manera que el total para todos no supere el tope máximo familiar. Los beneficios del propio trabajador jamás se ajustan para cumplir este propósito.

La cantidad a la cual asciende el tope máximo familiar depende del tipo de beneficios que usted reciba y del año en el cual cumpla 62 años, queda discapacitado o muere, el *año de elegibilidad*, por ejemplo. Los topes máximos familiares son los mismos en los casos de jubilación que en los de sobrevivientes. Respecto a los casos de incapacidad el tope máximo familiar es diferente.

En el caso de las cuentas para beneficios de jubilación y de sobrevivientes, el tope máximo familiar se maneja de acuerdo a una escala. La escala varía de acuerdo al año de elegibilidad. Se utilizan *puntos de variación* de la misma manera que la cifra de PIA se deriva del promedio de ganancias mensuales ajustadas. (véase la Sección 702.2.)

El tope máximo familiar es del 150% de la cifra de PIA hasta el primer punto de variación, más el 272% del excedente de la cifra de PIA desde el primer punto de variación hasta el segundo punto de variación, más el 134% del excedente de la cifra de PIA desde el segundo punto de variación hasta el tercero, más 175% de la cifra de PIA que exceda del tercer punto de variación.

Los porcentajes (150%, 272%, 134% y 175%) siguiente siendo los mismos de un año al otro, pero los puntos de variación cambiarán en la misma medida que cambien los puntos de variación que se utilizan para calcular la cifra de PIA.

En los casos de incapacidad, el tope máximo familiar es el 85% del promedio de ganancias mensuales ajustadas (véase la Sección 702.2), pero no más del 100% de la cifra de PIA.

Una vez que se determine la cantidad del tope máximo familiar, los beneficios de cada dependiente se reducen proporcionalmente, de manera que el total de los beneficios familiares no exceda del tope máximo. En el caso de beneficios de jubilación y de incapacidad, la cifra de PIA del trabajador (no la cantidad de beneficio después de la reducción por edad) se deduce del tope máximo familiar y el saldo se divide entre los dependientes, en proporción a sus cantidades de beneficio originales antes de aplicar cualquier reducción por edad, como en el caso de los beneficios para sobrevivientes.

El ajuste para el tope máximo familiar se efectúa después de cualquier deducción. Si un dependiente no está recibiendo beneficios debido a las deducciones por trabajo, el ajuste se efectúa como si ese dependiente no tuviera derecho a cobrar beneficios con cargo a la cuenta.

Cuando una persona tenga derecho a beneficios como hijo(a) con cargo a más de una cuenta, se combinan los topes máximos familiares de ambas cuentas.

Los beneficios para cónyuges divorciados o viudas divorciadas no se reducen por el tope máximo familiar. Otros beneficios para los dependientes que tengan derecho a recibirlos con cargo a la cuenta no se reducen debido a que un cónyuge divorciado o una viuda divorciada tengan derechos a cobrar beneficios con cargo a dicha cuenta.

REVISIONES DE CÁLCULOS

Sección 704

❑ Sección 704.1 Revisiones de cálculos en general

En el momento en que usted solicita beneficios del Seguro Social por primera vez, se calcula el índice de PIA (véase la Sección 702.2) y se determina la cantidad de beneficio.

Dicha cantidad se puede ajustar más tarde en ciertas circunstancias. Los ajustes a la cifra de PIA o a los beneficios mensuales, influirán en los beneficios que deben pagarse a partir de la fecha efectiva del ajuste.

Existen cuatro tipos fundamentales de revisiones de cálculos (recálculos): por aumento del índice del costo de vida, ajustes destinados a incluir las ganancias obtenidas después de la fecha en la que usted adquirió el derecho a cobrar tales beneficios, ajustes del factor de reducción para los 62 y los 65 años de edad, y el crédito por jubilación demorada que incrementa sus beneficios, si usted no recibe beneficios después de los 65 años de edad. Este proceso se explica de manera más detallada en las secciones siguientes.

❐ Sección 704.2 Ajustes por aumento del costo de la vida

Cada año, todos los beneficios del Seguro Social aumentan en proporción al aumento del costo de vida del año anterior. Dicho aumento se basa en la inflación reflejada en el índice de precios al consumo. El aumento por el costo de vida entra en vigor el mes de diciembre.

NOTA: *Los beneficios mensuales se pagan por mes vencido, de manera tal que el aumento de los beneficios vigente a partir de diciembre se refleja en el cheque de los beneficios mensuales recibido en enero del año siguiente.*

En el Apéndice 5 se indican los aumentos por el costo de vida. El aumento se calcula como porcentaje de la cantidad de beneficio mensual, no la cifra de PIA.

❐ Sección 704.3 Ajustes a las ganancias después de adquirir el derecho a recibir beneficios

Como se indica en la Sección 702.2, la cifra de PIA se basa en las ganancias que usted haya obtenido en el período que finaliza el año anterior al año en el cual usted por primera vez adquiere el derecho a cobrar los beneficios (en los casos de sobrevivientes se incluye el año de su muerte).

Por ejemplo, si usted solicitó beneficios en 1999, sus ganancias hasta 1998 no serán incluidas en los cálculos. Sin embargo, si usted trabaja durante el año en el cual por primera vez tiene derecho a recibir beneficios o después de dicho año, y las ganancias de ese último año son mayores que las ganancias del año con ganancias más bajas en el cálculo de sus beneficios, entonces su cifra de PIA aumentará. Si la cantidad de sus ganancias en el último año es menor que la cantidad obtenida en el año con ganancias más bajas, sus beneficios no aumentarán. (véase la Sección 702.2.)

El incremento entra en vigor en enero del año posterior al año de las ganancias adicionales. Si usted continúa trabajando y sus ganancias anuales son mayores que las del año de nivel más bajo utilizado para el cálculo de sus beneficios, los beneficios con el aumento deben comenzar a pagarse a partir de enero del año siguiente.

☐ Sección 704.4 Nuevo cálculo de la reducción por edad al cumplir la edad de jubilación completa

Si usted recibió beneficios reducidos debido a su edad (véase la Sección 703.1), el factor de reducción será ajustado a partir del mes en el cual cumpla la edad de jubilación completa. El ajuste eliminará la reducción para todo mes anterior a la edad de jubilación completa por el cual usted no haya cobrado beneficios mensuales completos. Si usted recibió la cantidad de beneficios completos no se le aplicarán ajustes a la cantidad que usted cobra. Si usted recibió beneficios parciales por un mes, la reducción atribuible a dicho mes será eliminado porque usted no recibió beneficios mensuales *completos*.

Este ajuste del factor de reducción se aplica a todos los beneficios que fueron reducidos por edad y entra en vigor al comenzar el mes en el cual usted cumple la edad de jubilación completa. No se puede calcular hasta después del año en el que cumpla la edad de jubilación completa, porque la cantidad de sus ganancias puede afectar la posibilidad de que sus beneficios de ese año sean retenidos.

❏ Sección 704.5 Nuevo cálculo de la reducción por edad aplicable a los beneficios para viudas a los 62 años de edad

Además del ajuste del factor de reducción a los 65 años de edad, como se describe en la Sección 704.4, las viudas que recibieron beneficios reducidos en calidad de viudas antes de los 62 años, tienen derecho a un reajuste de su cantidad de beneficio cuando cumplen 62 años de edad.

Este reajuste se efectúa para eliminar el factor de reducción por todo mes anterior a la edad de 62 años por el cual usted no hubiera recibido beneficios mensuales completos. La cantidad de los beneficios mensuales con el aumento, se pagará a partir del mes en el cual usted cumpla 62 años de edad.

❏ Sección 704.6 Créditos por jubilación demorada

Si usted sigue trabajando después de la edad de jubilación completa y sus beneficios mensuales son retenidos debido a sus ganancias, recibirá un crédito por cada mes (comenzando por el mes en el cual usted cumpla la edad de jubilación completa) en el cual usted no haya recibido beneficios mensuales. El crédito varía, dependiendo del año de su nacimiento, desde 1/4 del 1% a 2/3 del 1% por cada mes a partir del mes en que cumpla la edad de jubilación completa por el cual no reciba beneficios mensuales. Esto significa entre el 3% y el 8% por año.

En el cuadro del Apéndice 12 se indican los porcentajes según el año de nacimiento. El crédito se paga a partir de enero del año siguiente al año en el cual usted no recibió los beneficios. Además del crédito por jubilación demorada, usted también puede ser elegible para que se le haga un ajuste por las ganancias obtenidas después del primer año en el cual usted tenga derecho a cobrar beneficios. (véase la Sección 704.3.)

El crédito por jubilación demorada no afectará los beneficios de ninguno de los dependientes en su registro, pero si usted muere y su cónyuge sobrevive, éste, en calidad de viudo(a) tendrá derecho al crédito por jubilación demorada.

Usted es elegible para recibir el crédito, solicite o no solicite beneficios a los 65 años de edad. Se calculará cuando usted comience a recibir los beneficios. No se otorgará crédito alguno por ningún período durante el cual usted no esté totalmente asegurado. (véase la Sección 602.)

❏ Sección 704.7 Cómo agilizar los ajustes a las ganancias después de adquirir el derecho a recibir beneficios

Como se explica en la Sección 704.3, su cantidad de beneficio puede ser aumentada si usted obtiene ganancias después del primer año en el que califica para recibir beneficios, siempre que tales ganancias sean más altas que las del año con ganancias más bajas utilizado en el cálculo de su cantidad de beneficio.

El aumento debido a las ganancias se paga a partir de enero del año siguiente al año en el cual fueron recibidas dichas ganancias.

El Seguro Social volverá a efectuar el cálculo (recalculará) este ajuste automáticamente. Sin embargo, recalcular este ajuste les llevará muchos meses y posiblemente años. Esta demora se debe a que desde el momento en el cual usted gana su sueldo

173

o salario hasta el momento en el que el Seguro Social recibe el informe sobre sus ganancias y decide aumentar sus beneficios transcurre un período de tiempo considerable.

Usted puede agilizar este trámite presentando una petición especial. A tal efecto, tendrá que presentar su formulario W-2 (o declaración de impuestos del año, si trabaja por cuenta propia). Deberá escribirle a la Oficina de Distrito local y mostrarles su formulario W-2 o declaración de impuestos. Pídales que sus ganancias sean recalculadas inmediatamente, en vez de esperar el reajuste automático. El Seguro Social tomará una decisión respecto a su petición y recalculará sus beneficios. De todos modos, este trámite pude llevar varios meses.

Ya sea que usted le pida al Seguro Social que den curso al ajuste inmediatamente o prefiera esperar a que se lo concedan automáticamente, el ajuste será retroactivo al primer mes después del año por el cual usted obtuvo las ganancias.

DEDUCCIONES

Sección 705

☐ Sección 705.1 Deducciones en general

Después de que sus beneficios mensuales sean calculados utilizando las reglas referidas en este capítulo, el Seguro Social podrá, en ciertas circunstancias, retener total o parcialmente los beneficios mensuales. En las próximas secciones se describen los principales motivos que justifican las deducciones.

NOTA: *El tope máximo familiar al cual se hace referencia en la Sección 703.2 puede también ser causa de una reducción de la cantidad de beneficio que deba pagarse a un dependiente o sobreviviente.*

Estas deducciones que tratamos aquí se aplican a la cifra de beneficios reales calculada después de tener en cuenta cualquier tipo de reducción por edad o añadiendo los créditos que correspondan por ganancias posteriores o jubilación demorada.

❑ Sección 705.2 Deducciones debido a ganancias

Si las ganancias que usted obtenga en un año durante el cual usted tenga derecho a cobrar beneficios mensuales superan los límites aplicables a dicho año, entonces debe retenerse una parte o la totalidad de sus beneficios. El límite de ganancias, o el límite de trabajo como aveces se lo llama, se explica detalladamente en el Capítulo 8. Una vez que se determine la cantidad de beneficio que deba ser retenida, utilizando la prueba de ganancias anuales, se retendrán los beneficios mensuales completos de dicho año, comenzando por el mes durante el cual usted tenga derecho a cobrar beneficios, a menos que solicite que se prorrateen. (véase la Sección 803.)

Si usted tiene dependientes con derecho a cobrar beneficios en base a sus registros, también se efectuarán retenciones a los beneficios de los dependientes si sus ganancias lo requieren. (véase la Sección 803.) No obstante, las ganancias de un dependiente afectarán únicamente los beneficios de ese dependiente, y no influirán en los beneficios de otras personas que reciban pagos con cargo a dicha cuenta.

175

❏ Sección 705.3 Deducciones por beneficios de incapacidad por pagos de Compensación para Trabajadores o beneficios de incapacidad

Si usted tiene derecho a cobrar beneficios de incapacidad también tiene derecho a recibir Compensación para Trabajadores u otros tipos de pagos por incapacidad (véanse las Secciones 511 y 512), el total combinado de los beneficios de Seguro Social y Compensación para Trabajadores (u otro tipo de pagos por incapacidad sujeto a esta disposición) no podrá exceder del 80% del promedio de sus ganancias.

Las deducciones pertinentes se aplicarán también a todos los dependientes que reciban beneficios con cargo a su cuenta, efectuándoles a ellos los descuentos antes que a usted.

❏ Sección 705.4 Deducciones a los beneficios para cónyuges y viudas por recibir una pensión gubernamental

Si usted recibe beneficios del Seguro Social en calidad de esposa o viuda, la cantidad de sus beneficios se reduce si cobra una pensión gubernamental basada en sus propias ganancias, si su trabajo en dicho cargo público no estaba cubierto por el Seguro Social.

Este tipo de deducción por cobro de pensión gubernamental no se aplica si usted era potencialmente elegible para tener derecho a beneficios del Seguro Social en calidad de esposa o viuda en enero de 1977 y fuera elegible por primera vez para recibir una pensión gubernamental entre diciembre de 1977 y noviembre de 1992 (independientemente de haber recibido o no dicha pensión).

Si usted no era potencialmente elegible para recibir beneficios del Seguro Social en enero de 1977, o si usted comenzó a ser elegible para recibir una pensión gubernamental en diciembre de 1982 o después de tal mes, se le descontará de sus beneficios en calidad de esposa o viuda el 100% de la cantidad equivalente a su pensión gubernamental.

Debido a la modificación de la ley efectuada en 1983, si en julio de 1993 o después de dicho mes usted comenzara a ser elegible para cobrar una pensión gubernamental (independientemente de haber recibido tal pensión o no), la deducción es de solamente 2/3 de la cantidad equivalente a su pensión gubernamental.

Estos descuentos se aplican solamente a los beneficios en calidad de cónyuge o viuda, y no se aplican a los beneficios sobre la base de sus propias ganancias. La deducción por pensión gubernamental se aplica únicamente si el cargo público en el cual usted hubiera trabajado no estuviera cubierto por el Seguro Social.

❒ Sección 705.5 Deducciones para compensar sobrepagos

Si se establece que a usted se le ha pagado una cantidad mayor a la que corresponde, es posible que tenga que devolver el sobrepago. Si está recibiendo beneficios del Seguro Social, sus beneficios podrán ser retenidos para compensar los pagos en exceso de la cantidad correcta.

Usted podrá solicitar que sólo se deduzca una parte de sus beneficios mensuales para recuperar un sobrepago, y el Seguro Social generalmente concede un plazo de 36 meses.

❏ Sección 705.6 Deducciones por primas de Medicare

La parte del Seguro Médico de Medicare (parte B) requiere el pago de una prima mensual. Esta prima podrá ser más alta si usted no solicitó cobertura de Medicare dentro de los plazos debidos. (véase la Sección 903.)

Si usted tiene cobertura de seguro médico a través de Medicare, la prima se deducirá de sus beneficios mensuales, en caso de que los esté recibiendo. De lo contrario, se le pasará una cuenta cada trimestre. Cuando comiencen sus beneficios, la prima se deducirá de sus beneficios mensuales. Si usted ya ha pagado una cuenta trimestral recibirá un reembolso en fecha posterior

❏ Sección 705.7 Redondeo de cifras

Después de que el Seguro Social calcule sus beneficios (y efectúe las deducciones requeridas), la cantidad de beneficios mensuales resultantes se reducirá al múltiplo más bajo de $1. El redondeo se efectúa después de aplicarse todos los demás factores utilizados en el cálculo de beneficios, incluida la deducción por Medicare.

El único caso en el cual el redondeo no es la última etapa es el que se da en el caso de beneficios combinados. En dicho caso, se calcula por separado cada cantidad de beneficio y se redondea por separado. Tras estas operaciones, se combinan las cantidades redondeadas.

LIMITACIONES A LAS GANANCIAS 8

EL LÍMITE DE GANANCIAS EN GENERAL
Sección 801

Todos los beneficiarios, excepto aquellos cuyos beneficios se deben a su incapacidad o han cumplido la edad de jubilación completa (65 años en la actualidad), están sujetos a una pérdida de beneficios si sus ganancias exceden de ciertos límites. A fin de determinar en qué medida sus ganancias afectan a sus beneficios se recurre al límite de trabajo, también conocido como límite anual de ganancias o límite de ganancias. Cualquiera de estos nombres se refiere a lo mismo. Aunque a los trabajadores incapacitados no les afecta el límite de trabajo, los cónyuges o hijos que reciban beneficios sobre la base de sus registros están sujetos a dicho límite.

Si sus ganancias anuales están por debajo de ciertos límites anuales, no tendrán consecuencias respecto a sus beneficios. Si superan el límite anual, usted pierde un dólar en beneficios por cada dos dólares por sobre el límite, si tiene menos de 65 años de edad durante el año, o un dólar por cada tres dólares por sobre el límite si usted tiene 65 o más años de edad durante el año. Los límites varían según su edad (véanse las Secciones 802.1-802.2) y el año que se examina. Se recurre también a un límite mensual que generalmente se aplica durante solamente un año. (véase la Sección 804.) Los límites de ganancias para los distintos años se indican en el Apéndice 6.

Las ganancias de un trabajador jubilado afectan a todos los dependientes que reciban beneficios con cargo a su cuenta. Sin embargo, las ganancias de un dependiente no afectarán al trabajador ni a ningún otro dependiente bajo la misma cuenta. De la misma manera, las ganancias de una persona que reciba beneficios en calidad de sobreviviente no afectará a ninguna otra persona incluida en los mismos registros.

Para estos propósitos se consideran solamente los ingresos ganados por trabajo. (véase la Sección 805.) No se incluyen ingresos obtenidos mediante intereses y dividendos. (véase la Sección 806.) Se cuentan todas las ganancias del año, incluso las ganancias anteriores al momento en que usted comenzó a ser elegible para recibir beneficios o después de terminar su derecho a recibirlos.

Si su año impositivo es corto, como ocurre cuando se pasa de un año calendario a un año fiscal, el límite anual de ganancias se prorratea de la misma manera que en el año de la muerte. (véase la Sección 810.)

LÍMITES DE GANANCIAS

Sección 802

❏ Sección 802.1 Límite de ganancias—Antes de cumplir la edad de jubilación completa

Si usted no va a cumplir la edad de jubilación completa durante el año, perderá un dólar de beneficios por cada dos dólares por encima del límite anual fijado para ese año. (véase el Apéndice 6.) Se incluyen todas las ganancias del año, incluso las obtenidas antes de comenzar su elegibilidad para recibir beneficios. Los límites de ganancias se enumeran en el Apéndice 6.

NOTA: *Usted podrá recibir beneficios por todo mes en el que sus ganancias no excedieran del límite mensual (véase la Sección 804), generalmente durante sólo un año.*

A fin de determinar la cantidad de beneficios que debe retenerse, reste el límite anual de sus ganancias reales y divida el resto entre dos.

❏ Sección 802.2. Límite de ganancias—Edad de jubilación completa

A partir del mes en el cual usted cumple la edad de jubilación completa (Full Retirement Age, FRA), usted puede ganar tanto dinero como desee y aun así seguir cobrando todos sus beneficios del Seguro Social. Para el año en el que usted cumpla la edad de jubilación completa, si usted trabaja como empleado, sólo se tendrá en cuenta la cantidad de dinero que usted gane hasta el mes anterior al mes en el cual usted haya cumplido la FRA.

Si usted trabaja por cuenta propia, divida las ganancias anuales entre 12, y después multiplique el resultado por la cantidad de meses anteriores al mes en el que usted cumplió la FRA.

Ejemplo: Paul cumplió la FRA el 5 de agosto de 2000; trabajó por cuenta propia todo el año y obtuvo $36,000 en ganancias netas a través del trabajo por cuenta propia. Divida $36,000 entre 12 y obtendrá la suma de $3,000. Multiplique los $3,000 por siete (el número de meses del año antes de cumplir la FRA). Paul deberá reportar $21,000 en ganancias obtenidas mediante el trabajo por cuenta propia, porque únicamente esta cantidad afectará los beneficios.

Usted pierde un dólar en beneficios por cada tres dólares por encima del límite anual. (véase el Apéndice 6.) A fin de determinar la cantidad de beneficios que debe deducirse, reste el límite anual de las ganancias anuales y divida el resto entre tres.

De qué manera sus ganancias afectan sus beneficios mensuales

Sección 803

Cuando usted gana una cantidad que supera la cifra exenta anual, el Seguro Social deducirá la cantidad requerida (véase la Sección 801) de los beneficios del Seguro Social, comenzando por el primer mes desde que usted tiene derecho a cobrar beneficios. El Seguro Social descontará beneficios mensuales completos hasta deducir en su totalidad la cantidad que tiene que descontarse para ese año. (véanse las excepciones en la Sección 806.)

El Seguro Social no prorratea las deducciones durante el curso del año (a menos que usted así lo solicite, véase la sección siguiente), sino que deduce la totalidad de los beneficios a partir del primer mes de elegibilidad hasta descontar por entero la cantidad requerida.

Ejemplo: Harold tiene 64 años de edad y tiene derecho a cobrar $500 en concepto de beneficios del Seguro Social. Espera tener un excedente de ganancias que requerirá que se le descuenten $1,200 de sus beneficios del Seguro Social. El Seguro Social deducirá por entero sus cheques de enero y febrero. En marzo le descontarán $200, con lo cual ese mes le pagarán a Harold $300. Por otra parte, desde abril a diciembre recibirá cada mes $500, sus beneficios completos. Todos los descuentos se efectúan antes de pagarle los beneficios.

Si uno o más dependientes reciben beneficios con cargo a su cuenta, todo pago parcial se asigna a cada beneficiario, en proporción a su parte del total de beneficios familiares.

El exceso de ganancias no se traslada de un año al otro. Solamente estarán expuestos a descuentos los beneficios pagaderos durante el año de las ganancias.

❏ Sección 803.1 Prorrateo

Aunque los procedimientos del Seguro Social generalmente requieren que se descuenten los beneficios en su totalidad hasta deducir por completo la suma requerida, usted puede solicitar que el descuento de beneficios se prorratee durante el curso del año. En vez de no recibir beneficios durante el período normal en el cual se efectúan los descuentos y después recibir los beneficios completos, usted puede optar por recibir beneficios parciales.

El prorrateo puede extenderse hasta junio del año siguiente, pero solamente si usted plantea que la pérdida de beneficios le ocasionará penurias económicas, o que lo obligan a modificar sus planes de jubilación de manera significativa. El Seguro Social le pedirá que explique estas circunstancias por escrito. A ello debe añadirse que, a efectos de que se autorice el prorrateo, no debe esperarse que el siguiente año usted obtenga ganancias que excedan el límite.

En ciertas situaciones limitadas, usted puede solicitar que las deducciones por trabajo del corriente año se posterguen completamente hasta el siguiente año.

Esta solicitud se aceptará solamente si usted plantea que sufrirá penurias económicas extremas a menos que reciba los pagos de beneficios completos durante un tiempo limitado, hasta que su situación mejore. La restitución de la cantidad que debe ser deducida deberá concluir para junio del año siguiente. Esta solicitud no se aprobará si usted tiene un sobrepago pendiente o si calcula que en el año siguiente obtendrá ganancias por encima del límite.

EL LÍMITE DE GANANCIAS MENSUALES

Sección 804

Si sus ganancias de un año exceden de los límites de ganancias aplicables, el Seguro Social determinará la cantidad de beneficios que debe deducirse. No se deducirán beneficios de un mes sin servicio, aunque las ganancias anuales sean elevadas. Los meses sin servicio se determinan de acuerdo con lo que se denomina límite de ganancias mensuales.

Bajo esta norma, se considera mes sin servicio, a todo mes posterior al comienzo de su elegibilidad para recibir beneficios, en el cual usted gane menos de cierta cantidad de dinero, en el caso de ser usted empleado. Si usted trabaja por su cuenta, el límite consiste en establecer si usted ha prestado servicios sustanciales a su empresa o negocio. Los límites mensuales para empleados dependen de su edad y del año en cuestión. Las cantidades se indican en el Apéndice 6.

Si usted trabaja por cuenta propia, no se aplican los límites de las cantidades en dólares. Se usa, en cambio, la regla de los *servicios sustanciales*. Generalmente, si usted dedica más de 45 horas mensuales a su empresa o negocio, sus servicios se consideran sustanciales. Si usted trabaja menos horas por mes, los servicios no son sustanciales y usted tiene un mes sin servicio. Si usted ejerce una profesión altamente rentable—abogado, médico, consultor, etc.—15 horas por mes se consideran servicios sustanciales.

Usted puede ser elegible para que se le reconozca más de un mes de servicio en el mismo año, pero no podrá ser elegible para que se le reconozcan meses sin servicio en más de un año (con algunas excepciones a las cuales se hará referencia posteriormente). El año en el que usted es elegible para que se le reconozcan meses sin servicio se llama *año de gracia*. Es el primer año en el cual a usted cuenta con un mes sin servicio. No es, necesariamente, el primer año en el cual usted califica para recibir beneficios.

Ejemplo: John cumplió 65 años de edad en 1999 y solicita beneficios. Aunque sigue trabajando y obtiene ganancias por sobre el límite en cada mes de 1999, se le pueden pagar algunos beneficios porque la cantidad que se le debe descontar en base a sus ganancias anuales es menor que el total de beneficios para el año. (Véase la Sección 408 donde se incluye una explicación sobre ese procedimiento.) Dado que John en 1999 no cuenta con meses sin servicio, dicho año no es el año de gracia.

Sin embargo, gana por debajo del límite mensual durante los meses de agosto y septiembre. Dado que éstos son meses sin servicio, se le pagan beneficios por dichos meses a pesar de sus ganancias anuales. 2000 es su año de gracia. John trabaja en 2001 y, nuevamente, sus ganancias requieren que sus beneficios sean descontados en su totalidad. En julio, agosto y septiembre no recibe ganancias, pero estos beneficios se deducen sobre la base de sus ganancias anuales porque él ya ha utilizado su año de gracia.

Hay dos situaciones en las cuales ciertos beneficiarios tienen derecho a un segundo año de gracia. El primer caso es de un hijo o una esposa joven (véase la Sección 204.2) o una viuda joven. (véase la Sección 204.7.) A estos beneficiarios se les otorga un segundo año de gracia por el año en el cual finaliza su derecho a cobrar beneficios, a menos que la conclusión se deba a la muerte o a un cambio a otro tipo de beneficio sin haber perdido el derecho a recibir los anteriores.

El segundo caso se aplica a cualquier beneficiario que reciba un tipo de beneficio que haya llegado a su fin, pero que comience a tener derecho a recibir otro tipo de beneficios, mediando por lo menos un mes sin tener derecho a beneficios. Se considera año de gracia al primer año con un mes sin servicio durante el cual el beneficiario tenga derecho al segundo beneficio.

INGRESOS QUE SE CUENTAN

Sección 805

Teniendo en cuenta el límite anual de ganancias, sus ganancias son la suma de los sueldos o salarios en bruto más las ganancias netas del trabajo por cuenta propia, menos toda pérdida neta del trabajo por cuenta propia.

Los sueldos o salarios se cuentan aunque no estén sujetos al impuesto del Seguro Social (FICA). Las bonificaciones y los premios se cuentan si fueron ganados realmente durante el año. Los adelantos contra futuras comisiones se cuentan si usted es empleado.

Los intereses y dividendos recibidos por un agente de bolsa y mercado de valores se cuentan si han sido producto de su inventario para la reventa. Se incluyen los pagos de beneficios de planes no exentos de impuestos. Los agentes de bienes raíces que mantienen propiedades para la reventa, deberán incluir los ingresos que obtengan por el alquiler de tales propiedades.

Los derechos de autor o de patente obtenidos después del año en el que usted cumple 65 años de edad se cuentan para los propósitos de deducción. Sin embargo, los derechos recibidos por tales conceptos obtenidos antes del año en que cumple 65 años de edad no se cuentan a partir del año en el que usted cumple 65 años.

Se incluyen las pagas por enfermedad recibidas durante los primeros seis meses después de que usted deja de trabajar, así como los pagos de seguro de incapacidad temporaria, a menos que usted hubiera pagado las primas de dichos seguros.

Se cuentan también los gastos de viaje y de negocios que se les pagan a un empleado, a menos que fueran específicamente identificados como tales en el momento en que se efectuaron. Asimismo, se cuentan las pagas de vacaciones, aunque si se pagan en el momento en que el empleado cesa de trabajar en la empresa o después de que cesa de trabajar y se atribuyen al año anterior, es posible que no puedan contarse entre las ganancias del corriente año.

Antes de 1984, los pagos por períodos de inactividad, de espera o "sujetos a llamadas" y otros tipos de pagos por períodos en los que no se está trabajando después de los 62 años de edad no se contaban para el límite de ganancias. Desde el 1 de enero de 1984 estos pagos se han incluido como ganancias.

INGRESOS QUE NO SE CUENTAN

Sección 806

Los pagos que no constituyen sueldos, salarios o ingresos del trabajo por cuenta propia no se incluyen a efectos del cálculo del límite de ganancias. No se cuentan partidas tales como intereses, dividendos, ganancias del capital, compensaciones legales por daños y perjuicios (a menos que sean derivadas de una demanda legal por sueldos o salarios), salarios que se utilizan para contratar a un sustituto de un empleado, ingresos de alquileres, ingresos obtenidos a través de un pasatiempo, premios y otros galardones, derechos obtenidos mediante una obra de creación propia para la cual ha obtenido una patente o ha registrado su propiedad intelectual antes del año en el que cumplió 65 años de edad si los derechos se reciben durante o después del día en el que usted cumplió 65 años, pagas por enfermedad recibidas después de transcurridos más de seis meses desde el último mes en el cual usted trabajó, beneficios de desempleo y beneficios de Compensación para Trabajadores.

Pueden excluirse también ciertos tipos de ingresos obtenidos mediante trabajo por cuenta propia. (véase la Sección 808.)

Aunque determinado pago puede incluir entre los sueldos o salarios a fin de efectuar las deducciones pertinentes, si se atribuye a un momento anterior a la fecha en la cual usted comenzó a tener derecho a los beneficios, es posible que no afecte tales beneficios. Véase la próxima sección.

Cuándo se cuentan las ganancias
Sección 807

Los sueldos y salarios se cuentan como ganancias para el año en el cual fueron obtenidos. Se da por supuesto que los salarios pagados en determinado año fueron ganados en ese año, a menos que usted demuestre lo contrario. Los ingresos del trabajo por cuenta propia se ganan cuando se reciben (o se acumulan, para aquellos que se tramitan siguiendo el método de la acumulación), independientemente de cuándo fueron prestados tales servicios.

Algunas veces se otorgan pagas especiales en el momento de jubilarse o poco antes de la jubilación, tales como adelantos, pagos atrasados, bonificaciones, indemnizaciones por despido, pagas por vacaciones acumuladas, pagas por días festivos, etc. Si dichos pagos fueron ganados en uno de los años anteriores no se incluyen en el límite de ganancias para el año de jubilación. De igual manera, el mes en el cual se gana este pago

189

puede ser importante para determinar los meses sin servicio. (véase la Sección 804.)

Si usted sigue siendo empleado de una empresa, las pagas por enfermedad, festivos y vacaciones se ganan en el momento en que usted está ausente, utilizando esos días libres. Los adelantos a cuenta de comisiones, pagos por vacaciones no utilizadas y bonificaciones ocasionales se consideran ganados en el mes de pago. Si usted puede establecer que debieran atribuirse a otro período, el Seguro Social los considerará de tal manera. Las pagas atrasadas, las bonificaciones regulares y las pagas de verano de los maestros de escuela se consideran ganadas en el mes en el cual se efectúa cada pago.

Si el pago se efectúa en el momento en que concluye su vínculo de empleado o después de ese momento, los sueldos y salarios se consideran ganados en el último mes trabajado. Sin embargo, si queda claro a partir de un plan por escrito que el pago se relaciona con un período anterior, no se contará entre las ganancias del período corriente.

INGRESOS Y PÉRDIDAS DEL TRABAJO POR CUENTA PROPIA

Sección 808

Las pérdidas netas del trabajo por cuenta propia pueden deducirse de los sueldos y salarios brutos y de otros ingresos obtenidos a través del trabajo por cuenta propia correspondientes a ese año.

Ejemplo: Jim es plomero. Gana $10,000 en concepto de salarios. También trabaja por su cuenta en una empresa de plomería. Ha tenido una pérdida neta de $7,000 en el negocio. Al calcular su límite de ganancias solamente $3,000 se cuentan como ganancias.

A efectos de calcular el límite de ganancias, usted podrá excluir la totalidad de los ingresos del trabajo por cuenta propia atribuibles a servicios prestados antes del primer mes en el que tuvo derecho a cobrar beneficios, pero recibidos (o acumulados, para quienes utilizan dicho método) en un año posterior al primer año con derecho a beneficios.

PROBLEMAS ESPECIALES DE LOS PROPIETARIOS DE NEGOCIOS

Sección 809

Como dueño de un negocio, es fácil para usted reducir su sueldo o salario cuando cumple la edad de jubilación, a fin de calificar para recibir beneficios, aunque no se retire verdaderamente. El Seguro Social establece procedimientos especiales para las reclamaciones de jubilación presentadas por personas que sean propietarias de negocios o empresas. Sencillamente, no se limitarán a creer en su palabra si usted les dice que sus ganancias están por debajo del límite.

El Seguro Social dará por supuesto que sus ganancias están por encima del límite a menos que usted pueda demostrarles que los servicios que usted presta en la empresa se han reducido.

Si usted ha vendido su negocio, los funcionarios del Seguro Social querrán ver y otros documentos a fin de estar seguro de que se trata de una transacción legítima y no un simulacro únicamente destinado a que usted sea elegible para recibir beneficios.

Si usted continúa en el negocio, los funcionarios del Seguro Social exigirán una explicación para aclarar por qué sus ingresos se han reducido. Toda reducción de ingresos debe corresponder a una reducción de sus servicios. Suspender el pago de su sueldo o disminuirlo no es suficiente si no se aplica una disminución de sus servicios. Querrán saber quién se encargará de los deberes que usted cumplía anteriormente y qué cualificaciones tiene dicha persona.

El Seguro Social le requerirá que firme una declaración en la cual se describa la índole de su empresa o negocio, sus deberes y obligaciones anteriores y posteriores a su jubilación, los nombres y direcciones de sus principales clientes y proveedores, cuántas horas dedicará al negocio y qué días, qué tipo de pagos recibe usted del negocio y de cuánto dinero.

Le requerirán que presente sus declaraciones de impuestos personales y del negocio correspondientes a los últimos dos o tres años y otros registros que consideren de importancia, dependiendo del tipo de negocio.

Asimismo, verificarán las declaraciones que usted efectúe. Llamarán a sus clientes y proveedores a fin de averiguar si usted sigue tratando con ellos personalmente. Un representante podrá llamar a su empresa haciéndose pasar por cliente, a fin de comprobar si usted sigue yendo y continúa trabajando. Revisarán minuciosamente sus declaraciones de impuestos para comprobar si usted exagera las deducciones o está sacando dinero del negocio de manera encubierta.

El Seguro Social toma estas medidas a efectos de evitar que se emitan pagos de beneficios de jubilación a una persona que no se haya jubilado verdaderamente. Si consideran que su retiro es cuestionable no le pagarán beneficios.

Antes de solicitar beneficios, si usted no está vendiendo ni cerrando su empresa, deberá estar preparado para explicar, con todos los detalles, por qué sus ganancias serán menores y quién se hará cargo de cumplir sus deberes y obligaciones. Los funcionarios seguramente verificarán y procurarán confirmar todo lo que usted les diga. Aunque comiencen a remitirle sus cheques podrán reevaluar su caso en tres meses, seis meses y un año. Si lo hacen así y entonces deciden que usted nunca se ha retirado verdaderamente, podrán argumentar que le remitieron un sobrepago y reclamar que usted les reembolse el dinero recibido.

Sería recomendable consultar con un abogado con experiencia en asuntos del Seguro Social. Usted deberá efectuar tal consulta antes de ir a la oficina del Seguro Social. Usted tiene el derecho, si así lo desea de limitar sus ganancias intencionalmente a efectos de calificar para cobrar beneficios, pero sus ganancias deberán estar bastante relacionadas con los servicios que usted en realidad cumple.

REGLA ESPECIAL RESPECTO AL AÑO DE SU MUERTE

Sección 810

Cuando muere un beneficiario, el límite de ganancias anuales para el año se prorratea de acuerdo con el número de meses durante el cual el beneficiario estuvo vivo. Si el beneficiario muere en el año en el que cumple 65 años de edad y antes del mes en el que cumple años, se prorratea el límite anual correspondiente a menos de 65 años de edad. (véase la Sección

802.1.) Si muere en el mes en el que cumple 65 años de edad (antes o después del cumpleaños) o después de dicho mes, se utiliza el límite correspondiente a más de 65 años de edad.

Ejemplo: William cumple 65 años de edad el 27 de septiembre. Muere el 5 de septiembre. Su límite de ganancias anuales es 9/12 del límite anual aplicable. (véase el Apéndice 6.)

Trabajo fuera de EE.UU.

Sección 811

Si usted trabaja en el exterior (fuera de EE.UU.) durante siete días o más de cualquier mes, sus beneficios se suspenderán por ese mes, a menos que ese trabajo esté cubierto por el Seguro Social de EE.UU. No importa a cuánto dinero ascienden sus ganancias, aunque los totales para el año o el mes estén por debajo de los límites regulares. (véase las Secciones 801-802.3.) Se suspenden también los beneficios para todos los dependientes con cargo a su cuenta.

MEDICARE 9

MEDICARE EN GENERAL

Sección 901

Medicare es programa de seguro de salud que funciona bajo los auspicios de la Administración para el Financiamiento de Servicios de Salud (HCFA, siglas en inglés), dependencia del Departamento de Salud y Servicios Humanos. Todas las preguntas respecto al Medicare pueden plantearse en cualquier oficina del Seguro Social o llamando al número de teléfono gratuito 800-638-6833.

El Seguro de Hospital se financia a través de una porción de la deducción de FICA de los sueldos de los trabajadores. El Seguro Médico se financia parcialmente a través del cobro de primas mensuales. Dichas primas se deducen de los cheques de beneficios del Seguro Social o las pagan directamente las personas aseguradas. (En el Apéndice 12 se incluye una lista con la cuantía de las primas.)

Seguro de Hospital

Sección 902

El Seguro de Hospital sufraga los gastos de cuatro aspectos básicos de la atención médica: atención médica para pacientes internados en un hospital; cuidados de enfermería en un centro especializado inmediatamente después de la hospitalización (la mayor parte de las instituciones al cuidado de enfermos no son centros especializados); servicio de cuidado de la salud en el hogar y cuidado de hospicio.

Todas las reclamaciones de Seguro de Hospital se pagan sobre la base de los períodos de beneficios. El primer período de beneficios comienza con la primera hospitalización y finaliza 60 días calendario después de la terminación de los servicios de Medicare (hospitalización, cuidados de enfermería en un centro especializado o servicios de rehabilitación). No hay límite para la cantidad de períodos de beneficios que una persona pueda tener bajo el Seguro de Hospital.

El Seguro de Hospital de Medicare no solventa los gastos de toda su internación en el hospital. En cada período de beneficios, desde el primer día hasta el 60o., Medicare paga todos los servicios cubiertos excepto el costo promedio de un día de hospitalización. Desde el 61o. hasta el 90o. día, Medicare paga todos los servicios cubiertos, con excepción de la cuarta parte del costo promedio de la internación en el hospital.

Todo beneficiario de Medicare tiene derecho, además, a 60 días de reserva de por vida. En esos días de reserva de por vida, Medicare paga todos los servicios cubiertos excepto el importe de la mitad del costo de cada día de internación en el hospital. (En el Apéndice 12 figuran las cantidades de estos pagos que debe efectuar el paciente.)

SEGURO MÉDICO

Sección 903

El Seguro Médico de Medicare sufraga los gastos de seis de los aspectos fundamentales de la atención médica:

1. atención médica, en el consultorio médico y en el hospital;

2. atención para pacientes externos (pacientes ambulatorios) en el hospital;

3. fisioterapia y terapia del habla para pacientes externos;

4. cuidado de la salud en el hogar;

5. ambulancias; y

6. equipamiento médico durable necesario, sillas de rueda, por ejemplo.

El Seguro Médico de Medicare paga el 80% de los gastos razonables, después de haberse satisfecho un deducible predeterminado, en base a los servicios cubiertos; por ejemplo, lo que el Medicare habría pagado. El importe puede ser distinto que los honorarios del médico. Todos los deducibles para la parte B de Medicare se basan en el año calendario.

Primas

Para tener Seguro Médico es necesario pagar una prima mensual. Si usted no opta por la cobertura del Seguro Médico cuando califica por primera vez, puede inscribirse solamente durante un período de inscripción general. (véase la Sección 407.)

Si han pasado más de 12 meses desde el cierre del período de inscripción inicial, tendrá que pagar un 10% extra por cada período completo de 12 meses transcurrido desde el primer mes posterior al período de inscripción inicial hasta el último mes del período de inscripción general en el cual usted presente su solicitud.

A efectos de calcular las primas extra, no cuente ninguno de los meses durante los cuales usted tuvo cobertura de Seguro de Hospital (parte A) y de un seguro colectivo de la empresa donde trabajaba. (véase la Sección 904.)

SEGUROS DE SALUD PRIVADOS

Sección 904

El Medicare está destinado a proporcionar protección básica contra el elevado costo de la atención médica, pero nunca va a pagar la totalidad de sus gastos médicos. Por tal motivo, numerosas compañías de seguros privadas ofrecen distintos tipos de protección en sus pólizas. Le recomendamos que investigue y compare las ofertas de diferentes empresas a fin de determinar cuál de las pólizas le resultaría más conveniente.

Si tiene más de 65 años de edad y usted (o su cónyuge) trabajan para una empresa o negocio que tenga veinte o más empleados, se requiere que dicha empresa le ofrezca a usted los mismos beneficios de seguro de salud que a los trabajadores de menos edad. Si usted continúa trabajando después de los 65 años, tiene la opción de aceptar o rechazar el plan de seguros de la empresa donde trabaja.

Si lo acepta, el Medicare se convertirá en un plan de seguro secundario para usted; el plan de seguro de su empresa sería su plan de seguro primario (el seguro que efectuaría el primer pago de los servicios que se le brinden). Si usted se da de baja en la parte B porque está cubierto por el plan de seguro privado, le convendría volver a inscribirse cuando finalice la cobertura de seguro privado. (véase la Sección 407.)

Usted tiene la opción de rechazar el plan de seguro de su empresa y, si lo rechaza, el Medicare se convertirá en su plan de seguro de salud primario.

GASTOS NO CUBIERTOS

Sección 905

El Seguro de Hospital paga la totalidad de los cuidados de rutina en un hospital, incluida habitación semi-privada, todas las comidas y servicios regulares de enfermería, análisis de laboratorio y rayos X. No cubre otros rubros de conveniencia personal tales como televisión, radio o teléfono. No sufragará los gastos de enfermeras privadas o cargos extra por habitación privada a menos que se determine que sea necesario desde el punto de vista médico, para aislar a un paciente afectado por una enfermedad contagiosa, por ejemplo.

El Seguro Médico de Medicare no solventará los gastos en que se incurra para utilizar los siguientes servicios:

1. exámenes médicos de rutina y análisis relacionados con exámenes médicos de rutina;

2. exámenes de rutina de los pies;

3. exámenes de la vista o del oído destinados a recetar lentes o audífonos (Medicare pagará algunos de los servicios relacionados con las operaciones de cataratas);

4. vacunas;

5. la mayor parte de las operaciones de cirugía estética; y

6. la mayor parte de los cuidados dentales (los servicios odontológicos se cubrirán únicamente si se relacionan con cirugía de la mandíbula o la recuperación para pacientes que se han fracturado la mandíbula o los huesos faciales).

Las secciones anteriores constituyen una amplia lista de los gastos que cubre o no cubre Medicare. Para obtener información más completa al respecto puede solicitar un ejemplar del folleto *Medicare,* publicado por el Seguro Social.

ASIGNACIÓN DE BENEFICIOS
Sección 906

La asignación de beneficios es un procedimiento mediante el cual el médico acuerda aceptar que Medicare le efectúe el pago directo por los servicios que él (o ella) le proporcione. Si un médico acepta una asignación, está manifestando su acuerdo a aceptar la cantidad que Medicare aprueba como total de los cargos por sus servicios. Medicare pagará el 80% de esa cantidad. Usted será responsable de pagarle al médico el 20% no cubierto por Medicare.

CUÁNDO PRESENTAR RECLAMACIONES
Sección 907

El hospital remite directamente a la administración de Medicare las cuentas de prácticamente todos los servicios prestados por los hospitales y los centros de enfermería especializados. Reciben el pago directamente. Usted solamente recibirá un aviso en el que se le notifica la cantidad pagada y los servicios cubiertos.

DISPOSICIONES VARIAS **10**

SEGURIDAD DE INGRESO SUPLEMENTARIO (SSI)

Sección 1001

El programa de Seguridad de Ingreso Suplementario (SSI) fue instituido en 1974. Los beneficios de SSI se pagan a personas de 65 o más años de edad, personas ciegas y personas incapacitadas que estén necesitadas. El Seguro Social es un programa de seguros. La SSI es un programa de bienestar público.

El derecho a recibir SSI depende de la cantidad y los tipos de ingresos y recursos con que usted cuenta. Los ingresos y los recursos de aquellas personas legalmente responsables de mantenerle a usted (padres de hijos menores de edad, cónyuges, etc.) también influirán en su derecho a recibir SSI.

La cantidad en dólares de los pagos de SSI es fija para todos los beneficiarios (aunque numerosos estados incluyen pagos suplementarios en el cheque de SSI) pero se ve afectada por diversos factores tales como los tipos y las cantidades de los otros ingresos que usted reciba, el valor de sus recursos, y si vive solo, con otras personas o en un hogar para ancianos o enfermos o en una vivienda colectiva.

El cheque de SSI es de color dorado y se entrega el primer día del mes. Aunque la Administración de Seguro Social (SSA) administra el programa de SSI, los pagos de SSI no provienen del fondo de fideicomisos del Seguro Social. Los pagos se efectúan con cargo a los ingresos generales del Gobierno Federal y dichos ingresos provienen de distintos impuestos. Si usted cree que es elegible para recibir SSI o desea más información al respecto, deberá ponerse en contacto con la oficina del Seguro Social de su localidad.

CÁLCULOS DE BENEFICIOS

Sección 1002

La SSA proporciona cálculos de las cantidades de beneficios que se le pagarían, a cualquier persona que solicite tal información. Todos los cálculos de beneficios proporcionados por el Seguro Social se basan en la cantidad de las ganancias que aparecen en los registros de ganancias, no en ninguna proyección de ganancias futuras.

Aunque el Seguro Social suministra dichos cálculos a personas de cualquier edad, la exactitud de los cálculos para trabajadores menores de 60 años no pueden ser totalmente fiable. Los cálculos para las personas de cualquier edad sólo se pueden basar en la información de la cual dispone el Seguro Social. Los cálculos de beneficios que se remontan considerablemente hacia el futuro han sido inexactos debido a las modificaciones de la Ley de Seguro Social y los efectos de la inflación.

Si usted está próximo a cumplir la edad de jubilación y quisiera obtener un presupuesto de los beneficios, póngase en contacto con la correspondiente oficina del Seguro Social.

Cómo obtener registro de ganancias
Sección 1003

El Seguro Social le proporcionará, gratis, la *declaración de ganancias*. Esta declaración muestra las ganancias anuales acreditadas en su registro. Debido al considerable tiempo que lleva la tramitación de los informes sobre las ganancias, es posible que no se disponga de los datos respecto al primer año y el segundo año anteriores a su solicitud. Sería buena idea verificar sus registros del Seguro Social cada tres años.

Cómo corregir sus registros de ganancias
Sección 1004

Generalmente, los registros de ganancias sólo pueden corregirse por un máximo de tres años, tres meses y 15 días después del año en el cual fueron pagados los sueldos o se obtuvieron ganancias del trabajo por cuenta propia. Si usted tiene algún desacuerdo con la empresa donde trabajó respecto a cuánto le pagaron, cuándo le pagaron o si el trabajo estuvo o no cubierto por el Seguro Social, tendrá que tomar medidas dentro del plazo de tres años, tres meses y 15 días.

Si se plantean desacuerdos, el Seguro Social le ayudará a obtener la información necesaria para resolver la disputa. Sobre la base de las evidencias recibidas, el Seguro Social decidirá si las ganancias en cuestión pueden acreditarse, a cuánto dinero ascienden las ganancias que deberían acreditarse y para qué período. El Seguro Social le enviará una notificación donde constará la decisión que tomaron y, si resulta adecuado, las medidas tomadas para corregir el desajuste.

Una vez vencidos el plazo de tres años, tres meses y 15 días, los registros de ganancias no podrán revisarse a menos que se cumpla una de las siguientes condiciones:

1. que una entrada se hubiera establecido mediante fraude;

2. que se hubiera detectado un error obvio, de índole mecánica, administrativa o de otro tipo (tales como ganancias reportadas bajo un número de Seguro Social equivocado o no reportado por omisión);

3. que las ganancias se hubieran acreditado a una persona o a un período que no correspondiera;

4. que fuera necesario transferir a la Junta de Retiro Ferroviario (o de dicho organismo) ganancias reportadas a la entidad que no correspondía;

5. que fuera necesario añadir los sueldos pagados por una empresa que anteriormente no hubiera reportado los sueldos pagados a un empleado;

6. que fuera menester agregar o quitar determinados sueldos o salarios, de conformidad con un informe sobre sueldos presentado por una empresa;

7. que hiciera falta añadir los ingresos del trabajo por cuenta propia si la declaración de impuestos fue presentada dentro del plazo legal; y

8. que fuera necesario agregar los ingresos del trabajo por cuenta propia a la cantidad de los sueldos de un empleado eliminada por reportarse erróneamente, si se presenta la declaración de impuestos donde consta el trabajo por cuenta propia dentro del plazo de años, tres meses y 15 días a partir del año en el cual se eliminaron los datos de las referidas ganancias. (Esto puede ocurrir si se determina más adelante

que el *trabajo en calidad de empleado* que se había declarado, era, en realidad, *trabajo por cuenta propia*.)

El Seguro Social hace todo lo que puede para asegurarse de que los sueldos se reporten debidamente. Aunque desde el punto de vista legal, pueden efectuarse correcciones en fechas posteriores, cuanto más se espera para corregirlo más difícil será, debido a la destrucción y la pérdida de registros. Usted deberá tomar medidas para corregir sus récords del Seguro Social tan pronto como se detecte un problema.

Reportar los cambios de dirección
Sección 1005

Los cambios de dirección pueden notificarse al Seguro Social de estas tres maneras: por teléfono, visitando personalmente la oficina o remitiendo una carta.

El Departamento de Hacienda (Department of Treasury) prepara y envía todos los cheques del gobierno. El Seguro Social debe notificar al Departamento de Hacienda todos los cambios de dirección. Los cheques del Seguro Social se remiten a las oficinas de correos locales, con bastante anticipación del plazo estipulado, a fin de garantizar su entrega puntual.

Todos estos factores requieren tiempo. Para que un cambio de dirección se haga efectivo es posible que se requiera de 40 a 45 días. Es importante notificar al Seguro Social tan pronto como usted sepa su nueva dirección. Es importante también presentar un formulario de cambio de dirección en la oficina de correos, de manera que aunque el cambio de dirección no se haga efectivo en el Seguro Social, el servicio de Correos pueda hacerle llegar su cheque a la dirección correcta.

Código de reclamación y código de identificación del beneficiario

Sección 1006

A cada persona que solicita beneficios del Seguro Social se le asigna un número de reclamación, y todos sus registros se mantienen bajo ese número. El número de reclamación consiste en el número del Seguro Social del trabajador en cuyos registros se basan los beneficios, seguido de una letra (o una letra y un número). Se utiliza en toda la correspondencia que se mantenga con el Seguro Social.

El número de reclamación de un beneficiario de jubilación es su número de Seguro Social seguido de la letra A. En cuanto a la esposa, beneficiaria en base a sus registros, se le asigna el número de él seguido de la letra B (si ella tiene 62 años o más) o B2 (si ella recibe beneficios por estar a cargo de un hijo). Los hijos se identifican mediante la letra C y un número (generalmente el 1 para el menor, el 2 para el que le sigue, etc.) Las viudas a las que se otorga una cuenta debido a su edad se identifican por la letra D.

Si una persona tiene derecho a beneficios con cargo a más de una cuenta, los registros se mantienen bajo ambas cuentas, pero una de ellas es la principal. Si una mujer recibe beneficios tanto como trabajadora jubilada como en calidad de viuda, toda la correspondencia y los cheques se le enviarán bajo su propio número seguido de la letra A. Con excepción de la letra inicial, la cuenta secundaria no se mencionará. Las letras para los códigos del beneficiario se indican en el Apéndice 8.

DATOS QUE SE REQUIERE REPORTAR (EN GENERAL)

Sección 1007

Después de que usted hubiera adquirido el derecho a cobrar beneficios del Seguro Social, deberá reportar a la Administración de Seguro Social (SSA) todo cambio que pueda afectar la continuidad de su elegibilidad para recibir beneficios. Para todos los tipos de beneficiarios, las ganancias deberán reportarse si superan los límites de ganancias para el año, excepto en el caso de aquellas personas que reciben beneficios de incapacidad.

Además de las ganancias, todo factor que afecte los beneficios debe ser reportado, incluidos eventos tales como contraer matrimonio, volverse a casar, divorciarse, no tener a su cargo un hijo menor durante un mes, dejar de asistir a clases o, en algunos casos, residir en ciertos países. Los casos más frecuentes se tratarán en las secciones siguientes.

QUÉ SE DEBE HACER SI NO LE LLEGA SU CHEQUE

Sección 1008

La gran mayoría de los beneficiarios reciben sus cheques del Seguro Social puntualmente cada mes, sin experimentar demoras ni contratiempos, pero en algunas ocasiones se presentan problemas. Cada mes hay miles de personas en diversos lugares del país que no reciben sus cheques en la fecha que deberían recibirlos.

El primer cheque después de que usted solicite beneficios puede tardar de dos semanas a tres mes y a veces más. Si usted no recibe el primer cheque transcurrido un mes de la fecha en la cual debería haber llegado, deberá llamar a la oficina del seguro social a fin de averiguar si va a llegar en un futuro cercano o si va a ser necesario esperar varios meses más. En algunos casos el trámite se puede efectuar mediante el sistema de computadoras y en otros casos no. Naturalmente, los casos que se tramitan por computadora suelen resolverse mucho más rápido.

Los funcionarios del Seguro Social le dirán si su caso no se está manejando de esa manera. Prepárese para esperar dos o tres meses adicionales hasta que venga el cheque. Si en el Seguro Social le informan que su cheque llegará dentro de dos meses, no los vuelva llamar la semana siguiente para preguntarles dónde está. Algunas veces al hacer demasiadas preguntas lo único que se consigue es retrasar el trámite de su reclamación.

Si aún no ha recibido su primer cheque dentro de los 90 días desde el momento en el cual le proporcionó al Seguro Social toda la información y los documentos requeridos, usted tiene el derecho a que se le emita un pago acelerado.

Después de que su reclamación inicial se tramite, su caso ingresará en el sistema de computadoras de manera tal que recibirá automáticamente los cheques mensuales. Generalmente los cheques se pagan el tercer día del mes. Si el suyo ha sido recibido por alguien pero a usted no le llega porque se ha perdido o lo han robado, deberá notificar inmediatamente al Seguro Social. Si su cheque no ha sido recibido en absoluto, deberá esperar tres días para dar tiempo a un posible envío postal antes de notificar al Seguro Social. A veces se producen tardanzas en el servicio de Correos.

Si su cheque no llega cuando debería llegar no tendría sentido avisar al Seguro Social antes de que transcurran tres días para dar tiempo a un envío postal. En primer lugar, las líneas telefónicas del Seguro Social y la Oficina de Distrito del Seguro Social estarán saturadas de protestas de muchas otras personas a quienes sus cheques tampoco les habrán llegado a tiempo. Le llevará mucho tiempo lograr que un funcionario del Seguro Social lo atienda por tal motivo a comienzos de mes. De todos modos, el motivo más importante para dejar pasar tres días para el envío postal es que el Seguro Social no tomará ninguna medida hasta que esos tres días no hayan transcurrido.

Los procedimientos de la administración les requieren que esperen tres días los posibles envíos postales antes de tomar cualquier medida para reemplazar el cheque. Si logra que lo atiendan en una Oficina de Distrito antes de transcurrido el tercer día después de la fecha en la cual debería haber llegado su cheque, los funcionarios se limitarán a darle un formulario para que usted lo llene y se los remita a ellos.

Si usted no ha recibido el cheque al transcurrir el tercer día, se tomarán las medidas necesarias para reemplazar el cheque por otro. Mantenga la calma si su cheque no llega el tres del mes. En la mayoría de los casos usted lo recibirá dentro de los tres días que requeriría un envío postal. Si no lo recibe después de dicho plazo, deberá notificar al Seguro Social que su cheque no ha sido recibido. En el Apéndice 9 se incluye un modelo de formulario.

Dicho formulario puede utilizarse para notificar al Seguro Social que su cheque ha desaparecido. De lo contrario, podría visitar personalmente la Oficina de Distrito, llamar por teléfono o enviarles una carta. La manera más fácil es remitirles una carta, porque los teléfonos y las oficinas estarán sumamente ocupados durante la primera semana de cualquier mes.

Si usted les dirige una carta, deberá incluir cierta información básica. Proporcione su nombre completo, su dirección postal correcta y su dirección postal anterior si ha efectuado un cambio reciente. Asimismo, deberá incluir el número de reclamación y su número de código de beneficiario.

Su aviso de no-recepción de cheque deberá identificar cuál de sus cheques mensuales no le ha llegado. Esto se puede hacer indicando el día que debería haber sido recibido el cheque (el cheque del 3 de septiembre, por ejemplo) o puede también declarar que se trata del mes para el cual dicho cheque debe pagarse. Por ejemplo, el cheque del 3 de septiembre es el que se paga por los beneficios del mes de agosto. Para evitar confusiones, usted deberá indicar el mes para el cual deben pagarse los beneficios además de la fecha para la cual espera el pago. Por ejemplo, usted deberá mencionar que es el cheque del 3 de septiembre para el pago de los beneficios de agosto.

Si sus cheques se depositan directamente en su cuenta bancaria, no se ponga en contacto con el Seguro Social para nada. El banco deberá enviar los papeles necesarios para notificar al Seguro Social. Si usted llama al Seguro Social y no al banco, los funcionarios le dirán que se comunique con el banco, porque hace falta que un funcionario de dicho banco firme un formulario antes de que el Seguro Social pueda tomar medida alguna.

Cuando usted remite un aviso para informarles que no ha recibido un cheque, diríjalo a la Oficina de Distrito local, a la atención de la "Unidad de Servicio". La unidad de servicio de la Oficina de Distrito se encarga de los avisos de no-recepción de cheques. (véase la Sección 105.)

Después de que haya enviado su aviso para informarlos de que su cheque no le ha llegado, deles aproximadamente una semana y después llámelos para verificar si han recibido su aviso. En esos días le será más fácil conseguir que lo atiendan en la Oficina de Distrito y le podrán decir si han recibido su aviso o no. Emitir otro cheque para reemplazar al que se extravió le lleva a la Oficina de Distrito aproximadamente 15 días a partir del aviso de no-recepción.

Si usted no ha recibido el cheque dentro de los 15 días siguientes, deberá contactar nuevamente con la Oficina de Distrito del Seguro Social. Le dirán cuándo debe esperar que le llegue el cheque. Es importante no llamarlos antes de los plazos que ellos indican. Si los llama demasiado pronto es posible que deban interrumpir la tramitación normal de su caso para responder sus preguntas en el momento, lo cual podría ocasionar demoras aun mayores.

Si no ha recibido un cheque mensual normal durante un mes y medio después de la fecha debida, tendrá derecho a que se le emita un pago acelerado.

PAGOS ACELERADOS

Sección 1009

La Ley de Seguro Social impone ciertos plazos respecto a las fechas en las cuales el Seguro Social debe entregarle sus cheques. Las reglas pueden variar dependiendo de si se trata de su primer cheque o de un pago mensual regular.

En un caso relacionado con su primer cheque después de haber solicitado beneficios, usted podrá solicitar que se le emita un pago acelerado si el cheque no le ha sido entregado dentro de los 90 días posteriores al momento en el que presente todos los documentos de evidencia que el Seguro Social le pida para fundamentar su reclamación (excepto en casos de incapacidad). Al Seguro Social se le requiere por ley, que le pague dentro de los 15 días de su solicitud.

A fin de presentar la solicitud, usted deberá acudir a la Oficina de Distrito que le corresponde y decirles que desea que se le emita un pago acelerado. Si lo prefiere puede enviarles una carta. La solicitud deberá efectuarse por escrito, no puede plantearse por teléfono. Si usted va a la Oficina de Distrito, los funcionarios le prepararan una solicitud por escrito. Si usted presenta su solicitud antes de que transcurran 90 días, el Seguro Social no tomará decisión alguna hasta el final del período de 90 días.

Tenga en cuenta que si usted presenta su solicitud de beneficios antes del mes en el cual usted califique para recibir pagos, los 90 días comenzarán a transcurrir desde la fecha en la cual deba recibirse el primer pago, no desde la fecha en la cual usted presentó el primer documento de evidencia.

Si está recibiendo beneficios mensuales regulares, puede presentarse una solicitud de pago acelerado dentro los 30 días posteriores al día 15 del mes en el cual debería haber llegado el pago.

Si usted no recibe su cheque a pesar de su solicitud de pago acelerado y si no está satisfecho con las explicaciones que le dan los funcionarios del Seguro Social, sería conveniente ponerse en contacto con un funcionario electo.

Cuándo acudir a su congresista
Sección 1010

Algunas veces, aunque los empleados del Seguro Social desplieguen el máximo esfuerzo posible, pueden ocurrir problemas que retrasen los pagos. Si usted ha seguido los procedimientos reseñados en las secciones anteriores pero aún no ha recibido su cheque, un funcionario electo lo ayudará a resolver su caso. Deberá ponerse en contacto con su congresista de la Cámara de Representantes de Estados Unidos o a su Senador de Estados Unidos. La oficina de cada congresista generalmente cuenta con una persona encargada de mantener contacto con la SSA.

Cuando un congresista la oficina del Seguro Social inicia una investigación en el Seguro Social, los funcionarios tomarán medidas para asegurarse de que su caso se tramite de la manera más rápida posible. El Seguro Social localizará su expediente y le pondrá una "banderilla" especial para indicar que hay una investigación del Congreso de por medio. De tal manera se tendrá la seguridad de que el caso no se pierda entre los demás papeles y se efectuarán informes regulares al gerente de la oficina del Seguro Social, quien a su vez transmitirá sus informes a la oficina del congresista.

Es importante contactar con su congresista solamente cuando fallan todos los demás recursos. Si usted se adelanta y habla con él (o ella) demasiado pronto, su caso podría demorarse todavía más. El motivo es que el caso tendría que retirarse de los carriles de tramitación normales para que el congresista inicie su investigación. Llame a su congresista solamente después de haber seguido todos los procedimientos descritos en las secciones anteriores.

APÉNDICES

Apéndice 1

Lista de documentos de prueba de edad secundaria

(véase la Sección 410)

Si no se dispone de ningún certificado de nacimiento ni partida bautismal registrados antes de los cinco años de edad, el Seguro Social requiere que usted presente otros documentos para demostrar su edad. Este apéndice se divide en dos secciones: registros convincentes de primera prioridad y registros convincentes de segunda prioridad.

I - Registros convincentes de primera prioridad

Si usted presenta un documento de esta lista y la fecha de nacimiento en dicho documento concuerda con la fecha de nacimiento que le reportó al Seguro Social al solicitar su número del Seguro Social, no necesitará ninguna otra prueba de edad.

I-1. Biblia familiar o cualquier otro tipo de documento familiar inscripto antes de los 36 años de edad.

I-2. Registros escolares o del censo escolar registrados antes de los 21 años de edad.

I-3. Registros del Censo Federal de 1910, 1920 o 1930.

I-4. Inscripción de nacimiento tardía nacional o canadiense, efectuada antes de los 55 años de edad.

I-5. Registros del censo estatal de 1905 o 1915.

I-6. Pólizas de seguro suscritas antes de los 21 años de edad.

I-7. Registros de llegadas del Servicio de Inmigración y Naturalización (INS) efectuados antes de los 31 años de edad.

I-8. Registros de instituciones religiosas efectuados antes de los 18 años de edad.

I-9. Anuncios de nacimiento publicados en periódicos.

II - Registros convincentes de segunda prioridad

Si no se cuenta con registros convincentes de primera prioridad (véase más arriba) disponibles (ni tampoco con un certificado de nacimiento o partida bautismal inscritos antes de los cinco años de edad) y usted presenta un documento de esta lista, si la fecha de nacimiento en dicho documento concuerda con la fecha de nacimiento que usted le reportó al Seguro Social al solicitar su número de Seguro Social, no necesitará ninguna otra prueba de edad.

II-1. Registros escolares efectuados después de los 20 años de edad y antes de los 55.

II-2. Partida bautismal inscrita después de los 17 y antes de los 55 años de edad.

II-3. Registros del censo estatal de 1925.

II-4. Inscripción de nacimiento tardía nacional o canadiense, registrada antes de los 54 años de edad, siempre que en dicho documento se indique la fecha de nacimiento.

II-5. Registros de nacimiento de sus hijos efectuados antes de que usted cumpliera 31 años de edad.

II-6. Registros de matrimonio efectuados antes de los 36 años de edad.

II-7. Datos de ciudadanía registrados antes de los 26 años de edad.

II-8. Registros de movilización y relevo establecidos antes de cumplir 31 años de edad.

II-9. Registros de empleo establecidos antes de los 21 años de edad.

II-10. Registros de votación efectuados antes de los 56 años de edad.

II-11. Otros datos registrados antes de los 21 años de edad.

Apéndice 2

Trimestres de protección requeridos para la condición de asegurado

A continuación se incluye un cuadro en el cual se muestran las ganancias requeridas para un trimestre de protección y cuatro cuadros en los cuales se indica el número mínimo de trimestres de protección necesarios para la condición de asegurado.

Cuadro 1: Ganancias requeridas para obtener un trimestre de protección

Año	Cantidad
Pre-1978	$ 50
1978	250
1979	260
1980	290
1981	310
1982	340
1983	370
1984	390
1985	410
1986	440
1987	460
1988	470
1989	500
1990	520
1991	540
1992	570
1993	590
1994	620
1995	630
1996	640
1997	670
1998	700

1999	740
2000	780
2001	830

Cuadro 2: Beneficios de jubilación

Año de nacimiento	Número mínimo de trimestres
1915	26
1916	27
1917	28
1918	29
1919	30
1920	31
1921	32
1922	33
1923	34
1924	35
1925	36
1926	37
1927	38
1928	39
a partir de 1929	40

Cuadro 3: Beneficios de incapacidad o de sobrevivientes para personas nacidas antes de 1930

Año de comienzo de la incapacidad o de la muerte	Trimestres de protección requeridos Required
1970	19
1971	20
1972	21
1973	22
1974	23
1975	24
1976	25
1977	26
1978	27
1979	28
1980	29
1981	30
1982	31
1983	32
1984	33
1985	34
1986	35
1987	36
1988	37
1989	38
1990	39
a partir de 1991	40

Cuadro 4: Beneficios de incapacidad o de sobreviviente para personas nacidas a partir de 1930

Edad de comienzo de su incapacidad o muerte	Número mínimo de trimestres de protección requeridos
hasta los 28	6
29	7
30	8
31	9
32	10
33	11
34	12
35	13
36	14
37	15
38	16
39	17
40	18
41	19
42	20
43	21
44	22
45	23
46	24
47	25
48	26
49	27
50	28
51	29

(continúa en la próxima página)

52	30
53	31
54	32
55	33
56	34
57	35
58	36
59	37
60	38
61	39
62 o más	40

Cuadro 5: Condición de asegurado por incapacidad. (véase la Sección 604.)

Nota: Este cuadro indica el número mínimo de trimestres de protección que se requieren en los trimestres calendario inmediatamente anteriores a la incapacidad. Por ejemplo, 15/30 significa que se necesitan 15 trimestres de protección en los 30 trimestres calendario (71/2 años) antes del comienzo de la enfermedad. 20/40 significa que se necesitan 20 trimestres de protección en los 40 trimestres calendario (10 años antes del comienzo de la incapacidad)

Edad al comienzo de la incapacidad	Número mínimo de trimestres de protección/calendario requeridos antes de comenzar la incapacidad
24 o menos	6/12
24^1/$_2$	7/14
25	8/16
25^1/$_2$	9/18
26	10/20
26^1/$_2$	11/22
27	12/24
27^1/$_2$	13/26
28	14/28
28^1/$_2$	15/30
29	16/32
29^1/$_2$	17/34
30	18/36
30^1/$_2$	19/38
31	20/40

APÉNDICE 3

Topes máximos anuales de FICA

(Ganancias máximas sujetas al impuesto al Seguro Social)

Año	Ganancias
1937 a 1950	$ 3,000
1951 a 1954	3,600
1955 a 1958	4,200
1959 a 1965	4,800
1966 a 1967	6,600
1968 a 1971	7,800
1972	9,000
1973	10,800
1974	13,200
1975	14,100
1976	15,300
1977	16,500
1978	17,700
1979	22,900
1980	25,900
1981	29,700
1982	32,400
1983	35,700
1984	37,800
1985	39,600
1986	42,000
1987	43,800
1988	45,000
1989	48,000

Año	Ganancias
1990	51,300
1991	53,400
1992	55,500
1993	57,600
1994	60,600
1995	61,200
1996	62,700
1997	65,400
1998	68,400
1999	72,600
2000	76,200
2001	80,400

Los topes máximos futuros aumentarán sobre la base de la tasa de inflación y la Administración de Seguro Social los anunciará en el otoño del año precedente.

NOTA: *En total, el impuesto de FICA asciende al 15.3% (la mitad pagada por el patrono y la otra mitad por el empleado), cantidad de la cual el 12.4% se destina a beneficios para la vejez, los sobrevivientes y seguro de incapacidad. Solamente esta porción del impuesto está sujeta a los límites indicados más arriba. No hay tope máximo para las ganancias sujetas a la porción del impuesto de FICA destinado al Seguro de Hospital (Medicare), la cual asciende al 2.9%, la mitad de cuyo costo cubre el patrono y la otra mitad el empleado.*

APÉNDICE 4

Beneficios mensuales

Trabajador que desde los 22 años de edad ha obtenido ganancias de nivel máximo

Jubilación a comienzos del año	Jubilación a los 62 años de edad Beneficios mensuales	Jubilación a los 65 años de edad Beneficios mensuales
1993	899	1,128
1994	954	1,147
1995	972	1,199
1996	1,006	1,248
1997	1,056	1,326
1998	1,117	1,342
1999	1,191	1,373
2000	1,248	1,433
2001	1,314	1,538

Trabajador con ganancias altas

Las ganancias altas se definen como el 160% del índice promedio salarial nacional. Trabajador que desde los 22 años de edad ha obtenido ganancias altas.

Jubilación a comienzos del año	Jubilación a los 62 años de edad Beneficios mensuales	Jubilación a los 65 años de edad Beneficios mensuales
1993	835	1,044
1994	881	1,057
1995	892	1,098
1996	918	1,137
1997	958	1,202
1998	1,008	1,210
1999	1,070	1,231
2000	1,115	1,278
2001	1,169	1,365

Trabajador con ganancias medias

Las ganancias medias se definen como ingresos equivalentes al índice promedio salarial nacional. Trabajador que desde los 22 años de edad ha obtenido ganancias medias.

Jubilación a comienzos del año	Jubilación a los 62 años de edad Beneficios mensuales	Jubilación a los 65 años de edad Beneficios mensuales
1993	656	820
1994	689	829
1995	696	858
1996	714	886
1997	743	933
1998	780	938
1999	825	953
2000	858	987
2001	897	1,051

Trabajador con ganancias bajas

Las ganancias bajas se definen como ingresos equivalentes al 45% del índice promedio salarial nacional. Trabajador que desde los 22 años de edad ha obtenido ganancias bajas.

Jubilación a comienzos del año	Jubilación a los 62 años de edad Beneficios mensuales	Jubilación a los 65 años de edad Beneficios mensuales
1993	398	496
1994	418	505
1995	422	520
1996	433	537
1997	451	566
1998	473	568
1999	501	577
2000	520	597
2001	544	637

APÉNDICE 5

Factores de reducción (véase la Sección 703)

NOTA INTRODUCTORIA: *La edad de jubilación completa, la edad a la cual se recibe la cantidad total de los beneficios de jubilación, y los beneficios en calidad de cónyuge o viuda ha aumentado comenzando por aquellas personas nacidas a partir de 1938 (1940 para las viudas) e irá aumentando de manera gradual. Véase la Sección 703, "Reducciones", en la cual se trata este tema detalladamente. Por consiguiente, se aplican meses de reducción adicionales a aquellas personas que cumplen 62 años de edad (65 para las viudas) en 2000. Respecto a los beneficios de jubilación y para los cónyuges, el factor de reducción para los meses de reducción que superen los 36 meses es de 5/12 del 1% por cada mes extra. Para las viudas el factor sigue siendo el mismo.*

Cuadro 1: Beneficios de jubilación

Meses de reducción	Factor de reducción	Meses de reducción	Factor de reducción
1	.994	19	.894
2	.988	20	.888
3	.983	21	.883
4	.977	22	.877
5	.972	23	.872
6	.966	24	.866
7	.961	25	.861
8	.955	26	.855
9	.950	27	.850
10	.944	28	.844
11	.938	29	.838
12	.933	30	.833

Meses de reducción	Factor de reducción	Meses de reducción	Factor de reducción
13	.927	31	.827
14	.922	32	.822
15	.916	33	.816
16	.911	34	.811
17	.905	35	.805
18	.900	36	.800

Cuadro 2: Beneficios para las esposas

Meses de reducción	Factor de reducción	Meses de reducción	Factor de reducción
1	.993	19	.868
2	.986	20	.861
3	.979	21	.854
4	.972	22	.847
5	.965	23	.840
6	.958	24	.833
7	.951	25	.826
8	.944	26	.819
9	.937	27	.812
10	.930	28	.805
11	.923	29	.798
12	.916	30	.791
13	.909	31	.784
14	.902	32	.777

Meses de reducción	Factor de reducción	Meses de reducción	Factor de reducción
15	.895	33	.770
16	.888	34	.763
17	.881	35	.756
18	.875	36	.750

Cuadro 3: Beneficios para las viudas

Meses de reducción	Factor de reducción	Meses de reducción	Factor de reducción
1	.995	31	.853
2	.991	32	.848
3	.986	33	.843
4	.981	34	.839
5	.976	35	.834
6	.972	36	.829
7	.967	37	.824
8	.962	38	.820
9	.957	39	.815
10	.953	40	.810
11	.948	41	.805
12	.943	42	.801
13	.938	43	.796
14	.934	44	.791
15	.929	45	.786
16	.924	46	.782

Meses de reducción	Factor de reducción	Meses de reducción	Factor de reducción
17	.919	47	.777
18	.915	48	.772
19	.910	49	.767
20	.905	50	.763
21	.900	51	.758
22	.896	52	.753
23	.891	53	.748
24	.886	54	.744
25	.881	55	.739
26	.877	56	.734
27	.872	57	.729
28	.867	58	.725
29	.862	59	.720
30	.858	60	.715

APÉNDICE 6: AUMENTOS POR EL COSTO DE VIDA

NOTA: *Los aumentos por el costo de vida se aplican a los beneficios pagados en el año indicado en el cuadro. El mes efectivo de los aumentos por el costo de vida es diciembre del año precedente.*

Year	Percentage
1992	3.7%
1993	3.0%
1994	2.6%
1995	2.8%
1996	2.6%
1997	2.9%
1998	2.1%
1999	1.31%
2000	2.4%
2001	3.5%

APÉNDICE 7: LÍMITES DE GANANCIAS POR AÑO

Año	Edad	Mensual	Anual
1992	Menos de 65	$620	$ 7,440
	65 o más	850	10,200
1993	Menos de 65	640	7,680
	65 o más	880	10,560
1994	Menos de 65	670	8,040
	65 o más	930	11,160
1995	Menos de 65	680	8,160
	65 o más	940	11,280
1996	Menos de 65	690	8,280
	65 o más	1041	12,500
1997	Menos de 65	720	8640
	65 o más	1125	13,500
1998	Menos de 65	760	9,120
	65 o más	1208	14,500*
1999	Menos de 65	800	9,600
	65 o más	1291	15,500*
2000	Menos de 65	840	10,080
	65 o más	1416	17,000*
2001	Menos de 65	890	10,680
	65 o más	2083	25,000*
2002	65 o más	2500	30,000*

* La Ley Pública 104-121, en vigencia desde el 29 de marzo de 1996, aumentó las cantidades exentas para los beneficiarios de 65 a 69 años de edad, respecto a las cantidades bajo la ley anterior, proporcionando una escala de cantidades fijas hasta el año 2002. Las cantidades exentas para aquellas personas menores de 65 se establecerán por separado cada año sobre una base corriente. Obsérvese también que a partir de 2000, las ganancias obtenidas después de cumplir la edad de jubilación completa ya no afectarán los beneficios.

APÉNDICE 8:

Lista de los códigos de identificación del beneficiario más comunes

A: Jubilación en base a sus propios registros

B: Esposa anciana

B1:   Esposo anciano

B2:   Esposa joven (con un hijo a cargo)

B6:   Esposa divorciada

C: Hijo

D: Viuda anciana

D1:   Viudo anciano

D6:   Esposa divorciada sobreviviente

E: Viuda joven (madre)

E1:   Madre divorciada sobreviviente

E4:   Viudo joven (padre)

F: Padre o madre

G: Solicitante (reclamante) de pago global

HA: Trabajador incapacitado

HB: Esposa anciana de un trabajador incapacitado

HB2:   Esposa joven de un trabajador incapacitado

HC: Hijo de trabajador incapacitado

J: Prouty (beneficios especiales aplicables a los 72 años de edad)

K: Prouty (esposa)

M: Medicare—Sólo Seguro Médico

T: Sólo Medicare—Ambas partes

W: Viuda incapacitada

W1:   Viudo incapacitado

W6:   Esposa divorciada incapacitada sobreviviente

APÉNDICE 9

Centros de Servicio de Programas

Estos centros guardan los expedientes y tramitan ciertos casos después de su paso por una Oficina de Distrito. Véase la explicación de la Sección 102. Los casos se asignan sobre la base de las primeras tres cifras del número de reclamación del Seguro Social. Los casos de incapacidad en los cuales el trabajador tiene menos de 59 1/2 años de edad van a la Oficina de Tramitación de Asuntos de Incapacidad (PSC-7). Los casos en los cuales el reclamante vive en el exterior los tramita la División de Operaciones Internacionales (PSC-8).

Servicio de programa No. e iniciales del centro (primeras tres cifras)	Cuenta del Seguro Social Números de servicios concretos	Dirección postal
PSC-1 (NEPSC)	001-134	Social Security Administration Northeastern Program Service Center 96-05 Horace Harding Expressway Flushing, NY 11368
PSC-2 (MATPSC)	135-222 232-236 577-584	Social Security Administration Mid-Atlantic Program Service Center 300 Spring Garden St. Philadelphia, PA 19123
PSC-3 (SEPC)	223-231 237-267 400-428 587	Social Security Administration Southeastern Program Service Center 2001 12th Ave. N. Birmingham, AL 35285

Servicio de programa No. e iniciales del centro (primeras tres cifras)	Cuenta del Seguro Social Números de servicios concretos	Dirección postal
PSC-4 (GLPSC)	268-302 316-399 700 series	Social Security Administration Great Lakes Program Service Center 600 W. Madison St. Chicago, IL 60606
PSC-5 (WNPSC)	501-504 516-524 526-576 586	Social Security Administration Western Program Service Center BX 2000 Richmond, CA 94802
PSC-6 (MAMPSC)	303-315 429-500 505-515 525 585	Social Security Administration Mid-America Program Service Center 601 E. 12th Street Kansas City, MO 64106
PSC-7 (ODO)	All disability and end stage renal disease cases (under age 59$^{-1}/_2$)	Social Security Administration Office of Disability Operations Baltimore, MD 21241
PSC-8 (DIO)	Foreign Claims	Social Security Administration Division of International Operations BX 1756 Baltimore, MD 21203

APÉNDICE 10: FORM SSA-735

DEPARTMENT OF HEALTH AND HUMAN SERVICES
SOCIAL SECURITY ADMINISTRATION

TOE 540

NOTICE OF MISSING SOCIAL SECURITY PAYMENT

This refers to your inquiry about a missing payment. If the payment is still missing, please complete the other side of this card and return it in the preaddressed envelope. No postage is needed.

NO FURTHER ACTION WILL BE TAKEN ON THE PAYMENT UNLESS THIS CARD IS COMPLETED, SIGNED, AND RETURNED.

If you receive the payment before you hear from the Treasury Department, please notify the Social Security Office.

Social Security Office

FINANCIAL ORGANIZATION

Name

Address

Zip Code

Routing and Transit Number

☐ If checking, or ☐ If savings Depositor's Account Number

Form SSA-735 (3-84)

GPO : 1988 O – 214–194

237

Name of Payee to whom missing payment is due *(Please Print)*

Social Security Claim Number

DATE OF PAYMENT

Payment for: ☐ Social Security · ☐ Supplemental Security Income ☐ Black Lung

The above described payment was ⟶ *(check applicable box)*
☐ Not Received
Received, but
(a) ☐ Destroyed ☐ Lost ☐ Stolen (b) *Was it endorsed?* ☐ Yes ☐ No

ANYONE WHO MAKES A FALSE CLAIM COMMITS A CRIME PUNISHABLE UNDER FEDERAL LAW and can be FINED not more than $10,000 OR IMPRISONED not more than five years, OR·BOTH. (Title 18 USCS, Sec. 287, U.S. Code)

Have you changed your mailing address ☐ YES ☐ NO

I/we wish to make formal claim to the Treasury Department for stoppage of payment and the issuance of a substitute payment. *(Both husband and wife must sign if co-payee of a combined payment.) (Please note information on reverse side.)*

Current Mailing Address *(Include Zip Code)*

SIGNATURE OF PAYEE

⬆

Date

Payee's telephone number (area code)

SIGNATURE OF CO-PAYEE OR FINANCIAL ORGANIZATION REPRESENTATIVE

⬆

Form SSA-795 (3-94)

Apéndice 11

Créditos por jubilación demorada

La cantidad de crédito por jubilación demorada se calcula como porcentaje de la cantidad de seguro primario, sobre la base del número de meses en los cuales no se reciban beneficios después de los 65 años de edad debido a un exceso de ganancias. Los porcentajes indicados son anuales. El crédito para cada mes es 1/12 de la cifra anual. La cantidad de crédito se basa en el año de nacimiento.

Año de nacimiento	Crédito anual
1917-24	3%
1925-26	3.5%
1927-28	4.0%
1929-30	4.5%
1931-32	5%
1933-34	5.5%
1935-36	6%
1937-38	6.5%
1939-40	7.0%
1941-42	7.5%
1943 y posteriores	8.0%

APÉNDICE 12

Primas y deducibles de Medicare

Seguro de Hospital	2001	1999	1998
Prima—Parte A	$300	$309	$309
Seguro Médico			
Prima—Parte B	$50	$45.50	$43.80

Seguro de Hospital—Parte A			
Pagos del paciente			
Primeros 60 días (total)	$792	$768	$764
61o.-90o. día (por día)	$198	$192	$191
Reserva vitalicia (por día)	$396	$384	$382
Cuidados de enfermería especializados			
20o.-100o. día (por día)	$99	$96	$95.50

Seguro Médico—Parte B			
Deducible anual	$100	$100	$100

ÍNDICE

Su Fuente #1 para la Información Legal Usado en el Mundo Real...

Sphinx® Publishing
An Imprint of Sourcebooks, Inc.®

• Escrito por abogados • Una explicación simple de la ley en español

• Formularios e instrucciones son incluidos

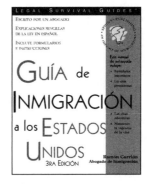

CÓMO SOLICITAR SU PROPIO DIVORCIO

Éste es el título de nuestro recién revisado "Cómo Solicitar Su propio Divorcio", 4a edición traducido en español. El título refleja los cambios federales mayores que se dirigen a los temas de pensión, apoyo económico del niño, custodia del niño y derecho de visita. Esta edición tiene información adicional que relaciona a las leyes en Puerto Rico, además de cubrir todos los 50 estados y el Distrito de Colombia.

256 páginas; $24.95
1-57248-147-1

GUÍA DE INMIGRACIÓN
A LOS ESTADOS UNIDOS, 3ER EDICIÓN

Este libro le ayudará a entender las leyes de Inmigración de los Estados Unidos para que su proceso de aplicación sea simple y barato. Explica como se entra a los Estados Unidos legalmente, las clases de residencias permanente, y cómo se evita perder su estado de visa, junto con formularios y las instrucciones completas de paso a paso.

328 páginas; $24.95
1-57248-188-9

Lo que nuestros clientes dicen sobre nuestros libros:

"No podría estar más claro para la persona laica."—R.D.

"Yo quiero que usted sepa que yo realmente aprecio su libro. Me ha ahorrado mucho tiempo y dinero."—L.T.

"… muchas de las preguntas legales que yo he tenido durante los últimos años se contestaron claramente y concisamente con su interpretación de la ley en lenguaje corriente."—C.E.H.

"Si no hubiera personas como ustedes, yo me perdería. Ustedes tienen los mejores libros de este tipo que se encuentran."—S.B.

"… sus formularios y instrucciones son fáciles para seguir."—C.V.M.

Guías legales para Sobrevivir de Publicaciones Sphinx son disponibles directamente por Sourcebooks, Inc., o de sus librerías locales.

Para los órdenes de tarjeta de crédito llame 1–800–432–7444,
escribe al P.O. Box 4410, Naperville, IL 60567-4410, o envíe fax al 630-961-2168

Sphinx® Publishing's National Titles
Valid in All 50 States

Legal Survival in Business

The Complete Book of Corporate Forms	$24.95
How to Form a Delaware Corporation from Any State	$24.95
How to Form a Limited Liability Company	$22.95
Incorporate in Nevada from Any State	$24.95
How to Form a Nonprofit Corporation	$24.95
How to Form Your Own Corporation (3E)	$24.95
How to Form Your Own Partnership	$22.95
How to Register Your Own Copyright (3E)	$21.95
How to Register Your Own Trademark (3E)	$21.95
Most Valuable Corporate Forms You'll Ever Need (2E)	$24.95

Legal Survival in Court

Crime Victim's Guide to Justice (2E)	$21.95
Grandparents' Rights (3E)	$24.95
Help Your Lawyer Win Your Case (2E)	$14.95
Jurors' Rights (2E)	$12.95
Legal Research Made Easy (2E)	$16.95
Winning Your Personal Injury Claim (2E)	$24.95
Your Rights When You Owe Too Much	$16.95

Legal Survival in Real Estate

Essential Guide to Real Estate Contracts	$18.95
Essential Guide to Real Estate Leases	$18.95
How to Buy a Condominium or Townhome (2E)	$19.95

Legal Survival in Personal Affairs

How to File Your Own Bankruptcy (4E)	$21.95
How to File Your Own Divorce (4E)	$24.95
How to Make Your Own Will (2E)	$16.95
How to Write Your Own Living Will (2E)	$16.95
How to Write Your Own Premarital Agreement (2E)	$21.95
How to Win Your Unemployment Compensation Claim	$21.95
Living Trusts and Simple Ways to Avoid Probate (2E)	$22.95
Most Valuable Personal Legal Forms You'll Ever Need	$24.95
Neighbor v. Neighbor (2E)	$16.95
The Nanny and Domestic Help Legal Kit	$22.95
The Power of Attorney Handbook (3E)	$19.95
Repair Your Own Credit and Deal with Debt	$18.95
The Social Security Benefits Handbook (3E)	$18.95
Unmarried Parents' Rights	$19.95
U.S.A. Immigration Guide (3E)	$19.95
Your Right to Child Custody, Visitation, and Support (2E)	$24.95

Legal Survival in Spanish

Cómo Hacer su Propio Testamento	$16.95
Cómo Solicitar su Propio Divorcio	$24.95
Guía de Inmigración a Estados Unidos (3E)	$24.95
Guía de Justicia para Víctimas del Crimen	$21.95
Manual de Beneficios para el Seguro Social	$18.95

SPHINX® PUBLISHING ORDER FORM

BILL TO:		SHIP TO:	
Phone #	Terms	F.O.B. Chicago, IL	Ship Date

Charge my: ☐ VISA ☐ MasterCard ☐ American Express   ☐ **Money Order or Personal Check**

Credit Card Number   **Expiration Date**

Qty	ISBN	Title	Retail
		SPHINX PUBLISHING NATIONAL TITLES	
____	1-57248-148-X	Cómo Hacer su Propio Testamento	$16.95
____	1-57248-147-1	Cómo Solicitar su Propio Divorcio	$24.95
____	1-57248-166-8	The Complete Book of Corporate Forms	$24.95
____	1-57248-163-3	Crime Victim's Guide to Justice (2E)	$21.95
____	1-57248-159-5	Essential Guide to Real Estate Contracts	$18.95
____	1-57248-160-9	Essential Guide to Real Estate Leases	$18.95
____	1-57248-139-0	Grandparents' Rights (3E)	$24.95
____	1-57248-188-9	Guia de Inmigración a Estados Unidos (3E)	$24.95
____	1-57248-187-0	Guia de Justicia para Victimas del Crimen	$21.95
____	1-57248-103-X	Help Your Lawyer Win Your Case (2E)	$14.95
____	1-57248-164-1	How to Buy a Condominium or Townhome (2E)	$19.95
____	1-57071-223-9	How to File Your Own Bankruptcy (4E)	$21.95
____	1-57248-132-3	How to File Your Own Divorce (4E)	$24.95
____	1-57248-100-5	How to Form a DE Corporation from Any State	$24.95
____	1-57248-083-1	How to Form a Limited Liability Company	$22.95
____	1-57248-099-8	How to Form a Nonprofit Corporation	$24.95
____	1-57248-133-1	How to Form Your Own Corporation (3E)	$24.95
____	1-57071-343-X	How to Form Your Own Partnership	$22.95
____	1-57248-119-6	How to Make Your Own Will (2E)	$16.95
____	1-57248-124-2	How to Register Your Own Copyright (3E)	$21.95
____	1-57248-104-8	How to Register Your Own Trademark (3E)	$21.95
____	1-57071-349-9	How to Win Your Unemployment Compensation Claim	$21.95
____	1-57248-118-8	How to Write Your Own Living Will (2E)	$16.95
____	1-57071-344-8	How to Write Your Own Premarital Agreement (2E)	$21.95
____	1-57248-158-7	Incorporate in Nevada from Any State	$24.95
____	1-57071-333-2	Jurors' Rights (2E)	$12.95
____	1-57071-400-2	Legal Research Made Easy (2E)	$16.95
____	1-57071-336-7	Living Trusts and Simple Ways to Avoid Probate (2E)	$22.95
____	1-57248-186-2	Manual de Beneficios para el Seguro Social	$18.95
____	1-57248-167-6	Most Valuable Bus. Legal Forms You'll Ever Need (3E)	$21.95
____	1-57248-130-7	Most Valuable Personal Legal Forms You'll Ever Need	$24.95
____	1-57248-098-X	The Nanny and Domestic Help Legal Kit	$22.95
____	1-57248-089-0	Neighbor v. Neighbor (2E)	$16.95
____	1-57071-348-0	The Power of Attorney Handbook (3E)	$19.95
____	1-57248-149-8	Repair Your Own Credit and Deal with Debt	$18.95
____	1-57248-168-4	The Social Security Benefits Handbook (3E)	$18.95
____	1-57071-399-5	Unmarried Parents' Rights	$19.95
____	1-57071-354-5	U.S.A. Immigration Guide (3E)	$19.95
____	1-57248-138-2	Winning Your Personal Injury Claim (2E)	$24.95
____	1-57248-162-5	Your Right to Child Custody, Visitation, and Support (2E)	$24.95
____	1-57248-157-9	Your Rights When You Owe Too Much	$16.95
		CALIFORNIA TITLES	
____	1-57248-150-1	CA Power of Attorney Handbook (2E)	$18.95
____	1-57248-151-X	How to File for Divorce in CA (3E)	$26.95
____	1-57071-356-1	How to Make a CA Will	$16.95
____	1-57248-145-5	How to Probate and Settle and Estate in CA	$26.95
____	1-57248-146-3	How to Start a Business in CA	$18.95
____	1-57071-358-8	How to Win in Small Claims Court in CA	$16.95
____	1-57071-359-6	Landlords' Rights and Duties in CA	$21.95
		FLORIDA TITLES	
____	1-57071-363-4	Florida Power of Attorney Handbook (2E)	$16.95
____	1-57248-176-5	How to File for Divorce in FL (7E)	$26.95
____	1-57248-177-3	How to Form a Corporation in FL (5E)	$24.95
____	1-57248-086-6	How to Form a Limited Liability Co. in FL	$22.95
____	1-57071-401-0	How to Form a Partnership in FL	$22.95
____	1-57248-113-7	How to Make a FL Will (6E)	$16.95

Form Continued on Following Page   **Subtotal** _____

Qty	SBN	Title	Retail
		FLORIDA TITLES (CONT'D)	
_____	1-57248-088-2	How to Modify Your FL Divorce Judgment (4E)	$24.95
_____	1-57248-144-7	How to Probate and Settle an Estate in FL (4E)	$26.95
_____	1-57248-081-5	How to Start a Business in FL (5E)	$16.95
_____	1-57071-362-6	How to Win in Small Claims Court in FL (6E)	$16.95
_____	1-57248-123-4	Landlords' Rights and Duties in FL (8E)	$21.95
		GEORGIA TITLES	
_____	1-57248-137-4	How to File for Divorce in GA (4E)	$21.95
_____	1-57248-075-0	How to Make a GA Will (3E)	$16.95
_____	1-57248-140-4	How to Start Business in GA (2E)	$16.95
		ILLINOIS TITLES	
_____	1-57071-405-3	How to File for Divorce in IL (2E)	$21.95
_____	1-57071-415-0	How to Make an IL Will (2E)	$16.95
_____	1-57071-416-9	How to Start a Business in IL (2E)	$18.95
_____	1-57248-078-5	Landlords' Rights & Duties in IL	$21.95
		MASSACHUSETTS TITLES	
_____	1-57248-128-5	How to File for Divorce in MA (3E)	$24.95
_____	1-57248-115-3	How to Form a Corporation in MA	$24.95
_____	1-57248-108-0	How to Make a MA Will (2E)	$16.95
_____	1-57248-106-4	How to Start a Business in MA (2E)	$18.95
_____	1-57248-107-2	Landlords' Rights and Duties in MA (2E)	$21.95
		MICHIGAN TITLES	
_____	1-57071-409-6	How to File for Divorce in MI (2E)	$21.95
_____	1-57248-077-7	How to Make a MI Will (2E)	$16.95
_____	1-57071-407-X	How to Start a Business in MI (2E)	$16.95
		MINNESOTA TITLES	
_____	1-57248-142-0	How to File for Divorce in MN	$21.95
_____	1-57248-179-X	How to Form a Corporation in MN	$24.95
_____	1-57248-178-1	How to Make a MN Will (2E)	$16.95
		NEW YORK TITLES	
_____	1-57248-141-2	How to File for Divorce in NY (2E)	$26.95
_____	1-57248-105-6	How to Form a Corporation in NY	$24.95
_____	1-57248-095-5	How to Make a NY Will (2E)	$16.95
_____	1-57071-185-2	How to Start a Business in NY	$18.95
_____	1-57071-187-9	How to Win in Small Claims Court in NY	$16.95

Qty	SBN	Title	Retail
_____	1-57071-186-0	Landlords' Rights and Duties in NY	$21.95
_____	1-57071-188-7	New York Power of Attorney Handbook	$19.95
_____	1-57248-122-6	Tenants' Rights in New York	$21.95
		NORTH CAROLINA TITLES	
_____	1-57248-185-4	How to File for Divorce in NC (3E)	$22.95
_____	1-57248-129-3	How to Make a NC Will (3E)	$16.95
_____	1-57248-184-6	How to Start a Business in NC (3E)	$18.95
_____	1-57248-091-2	Landlords' Rights & Duties in NC	$21.95
		OHIO TITLES	
_____	1-57248-190-0	How to File for Divorce in OH (2E)	$24.95
_____	1-57248-174-9	How to Form a Corporation in OH	$24.95
_____	1-57248-173-0	How to Make an OH Will	$16.95
		PENNSYLVANIA TITLES	
_____	1-57248-127-7	How to File for Divorce in PA (2E)	$24.95
_____	1-57248-094-7	How to Make a PA Will (2E)	$16.95
_____	1-57248-112-9	How to Start a Business in PA (2E)	$18.95
_____	1-57071-179-8	Landlords' Rights and Duties in PA	$19.95
		TEXAS TITLES	
_____	1-57248-171-4	Child Custody, Visitation, and Support in TX	$22.95
_____	1-57071-330-8	How to File for Divorce in TX (2E)	$21.95
_____	1-57248-114-5	How to Form a Corporation in TX (2E)	$24.95
_____	1-57071-417-7	How to Make a TX Will (2E)	$16.95
_____	1-57071-418-5	How to Probate an Estate in TX (2E)	$22.95
_____	1-57071-365-0	How to Start a Business in TX (2E)	$18.95
_____	1-57248-111-0	How to Win in Small Claims Court in TX (2E)	$16.95
_____	1-57248-110-2	Landlords' Rights and Duties in TX (2E)	$21.95

SUBTOTAL THIS PAGE _____

SUBTOTAL PREVIOUS PAGE _____

Shipping — $5.00 for 1st book, $1.00 each additional _____

Illinois residents add 6.75% sales tax _____

Connecticut residents add 6.00% sales tax _____

TOTAL _____